历史的丰碑丛书

法德意三国的共同先驱
查理曼

张一丁 编著

吉林人民出版社

图书在版编目(CIP)数据

法德意三国的共同先驱——查理曼／张一丁编著．
--长春：吉林人民出版社，2011.4（2025.4 重印）
（历史的丰碑丛书）
ISBN 978-7-206-07585-8

Ⅰ．①法… Ⅱ．①张… Ⅲ．①查理大帝，
C.（742～814）—生平事迹—青年读物②查理大帝，
C.（742～814）—生平事迹—少年读物 Ⅳ．
①K835.657=314

中国版本图书馆 CIP 数据核字 (2011) 第 039415 号

法德意三国的共同先驱 查理曼
FA DE YI SANGUO DE GONGTONG XIANQU CHALIMAN

编　　著：张一丁
责任编辑：李沫薇　　　　封面设计：孙浩瀚
制　　作：吉林人民出版社图文设计印务中心
吉林人民出版社出版 发行（长春市人民大街7548号 邮政编码:130022）
印　　刷：北京一鑫印务有限责任公司
开　本：787mm×1092mm　　1/16
印　张：8　　　　字　数：72千字
标准书号：ISBN 978-7-206-07585-8
版　次：2011年4月第1版　　印　次：2025年4月第3次印刷
定　价：35.00元

如发现印装质量问题，影响阅读，请与出版社联系调换。

编者的话

"欲知大道,必先为史"。

回溯人类的足迹,人们首先看到的总是那些在其各自背景和时点上标志着社会高度和进步里程的伟大人物。他们是历史的丰碑,是后世之鉴。

黑格尔说:"无疑,一个时代的杰出个人是特性,一般说来,就反映了这个时代的总的精神。"普希金说:"跟随伟大人物的思想是一门引人入胜的科学。"

以史为鉴,面向未来。作为21世纪的继往开来者,我们觉得,在知史基础上具有宽广的知识结构、开阔的胸襟和敏锐的洞察力应是首要的素质要求,而在历史的大背景

◆ 历史的丰碑丛书

中追寻丰碑人物的思想、风范和足迹，应是知史的捷径。

考虑到现代人时间的宝贵，我们期盼以尽量精短的篇幅容纳尽量丰富的信息，展现尽量宏大的历史画卷和历史规律。为此，我们编撰了这套丛书。

编撰丛书的过程，也是纵览历代风云、伴随伟人心路、吸收历史营养的过程。沉心于书页，我们随处感受着各历史时期伟大人物所体现的推动历史进步的人类征服力量。我们随着伟人命运及事业的坎坷与辉煌而悲喜，为他们思想的深邃精湛、行为的大气脱俗而会意感慨、拍案叫绝。

然而，在思想开始远游和精神获得享受的同时，我们也随之感受到历史脚步的沉重

编者的话 ◆

和历史过程的曲折。社会每前进一步都是艰难的，都伴随着巨大的痛苦和付出。历史的伟大在于它最终走向进步，最终在血污中诞生了鲜活的"婴孩"。

历史有继承性和局限性，不能凭空创造。伟人也有血肉，他们的思想、行为因此注定了同样具有历史的局限性和阶级的、时代的烙印；他们的功业建立于千千万万广大人民群众伟大创造的基础上。历史是人民群众创造的，伟大的人物们是历史和时代造就的。同时，我们也无法否定此间他们个人的努力。这也正是我们编撰这套丛书的目的。

我们期盼着这套丛书得到社会的认同，对读者，特别是青少年读者之历史感、成就感和使命感的培养有所裨益。史海浩瀚，群

◆ 历史的丰碑丛书

星璀璨。我们以对广大青少年读者负责的精神，精心遴选，以助力青少年成长进步，集结出版了《历史的丰碑》系列丛书，敬请读者批评、指正。

编委会

策　划：胡维革　吴铁光
　　　　林　巍　冯子龙
主　编：胡维革　邢万生
副主编：贾淑文　谷艳秋
编　委：（按姓氏笔画为序）
　　　　于二辉　刘士琳
　　　　刘文辉　孙建军
　　　　李艳萍　吴兰萍
　　　　杨九屹　隋　军

查理曼生活在1200多年前的欧洲中世纪。这一历史时期既是被意大利文艺复兴时期思想家称为文化衰落的黑暗时期，也是封建的生产方式占据社会生活基础的时代。在那一段跌宕起伏、动荡不安的历史年代中，作为欧洲首位中世纪的君王，他挥戈征战，成就一代霸业，建立了囊括西欧大部分地区的庞大帝国；他制定了一系列制度，从而决定了西欧1000多年的社会发展的基本模式；他提倡文化教育，开创"加洛林文艺复兴"，使古罗马灭亡以来文化湮没的状况得以改观。近代法、德、意这三个欧洲国家的历史渊源和地域疆界从他开始，其历史功绩是不可磨灭的。查理曼的业绩为历代欧洲人所传颂。

目 录

显赫的家世　　　　　　◎ 001

查理其人　　　　　　　◎ 013

帝国的崛起　　　　　　◎ 031

皇帝加冕礼　　　　　　◎ 057

帝国的经济与政治　　　◎ 069

帝国的神权政治　　　　◎ 082

"加洛林文艺复兴"　　 ◎ 093

无可奈何花落去　　　　◎ 109

法德意三国的共同先驱　**查理曼**

显赫的家世

> 人的生命总是沿着一个完整的圈运行，……任何人都无法脱离自己运行的轨道。
> ——斯通

  法国巴黎有一座最高贵的艺术殿堂——卢浮宫。在它收藏的无数瑰宝中，有一座9世纪制作的青铜塑像。成千上万的法国人、德国人、意大利人以及其他国家参观者络绎不绝地来到铜像前，肃然起敬地瞻仰这位骑在高头大马上的古代英雄的风采。只见他，胯下骏马前腿微曲，后腿略抬，仿佛正缓步而行；马上之人正身端坐，魁梧的身躯粗壮挺拔，右手举象征力量的宝剑，左手捧象征权威的金球，峨冠长袍，鼻直口阔，浓密的上髭，炯炯有神、直视前方的双眼，流露出帝王庄重威严、威武勇猛的气度。这位英雄就是古代法兰克国家的统治者——查理大帝。

  查理大帝的家世颇为显赫。早在民族大迁徙时，当西罗马帝国最后一个皇帝罗穆洛·奥古斯都被日耳

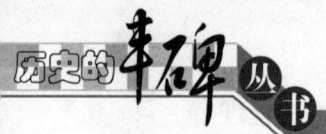

曼雇佣军将领废黜时，法兰克人已在高卢地区定居并建立了法兰克王国。最初的统治者是克洛维所开创的墨洛温王朝的诸代君王。但是这些克洛维的子孙们远远没有其先祖的胆识才能，不学无术、贪图安逸、慵懒懈怠，顶多选个风和日丽的日子坐上两头牛拉的车子，由牧人赶着巡视一圈，国家大事是一概不管，直

法德意三国的共同先驱　**查理曼**

搞得国家四分五裂，干戈扰攘。史书上记载："王室久已失去了一切权力，除了国王的空洞称号以外，什么也没有了。因为国家的财富和权力都入于宫廷长官——宫相的手里，他们全权操纵。"宫相，是墨洛温王朝特有

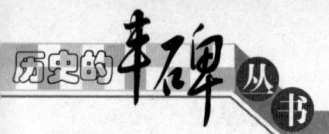

的官职，原本不过是国王的大管家，负责宫廷财务和王室地产。后来随着墨洛温王朝诸王的衰败无能，宫相的权力日渐加重，逐渐掌管了王室法庭、官员任免、土地封赏等事务，甚至能统率军队出征打仗，逐步将国王作为傀儡来操纵。到七八世纪之交，宫相俨然已是法兰克王国的实际统治者。这一历史时期，便是法兰克人史上著名的"懒王时期"。

查理的祖先世代承袭宫相这一职位。最初全国共有3个宫相，即奥斯特拉西亚（高度日耳曼化的东北地区，包括莱茵河地区）宫相、纽斯特拉西亚（包括巴黎及法国西北部地区）宫相和勃艮第（法国东南部地区）宫相。奥斯特拉西亚宫相和纽斯特拉西亚宫相为争夺法兰克国家的最高统治权，进行了长期的斗争。到查理大帝的曾祖父赫里斯塔尔·丕平担任奥斯特拉西亚宫相之后，形势大变。他经过多次战争，终于在公元687年的特尔特利战役中一举击败对手纽斯特拉西亚宫相。随后，他又凭借自己强大的附庸军队降服了勃艮第，使自己一跃成为全国唯一的宫相，独揽法兰克王国的最高统治权。从此，赫里斯塔尔·丕平所在的加洛林家族也作为王国权势显赫的家族而登上了历史舞台，开始了重新统一法兰克国家的努力。

714年赫里斯塔尔·丕平死后，其子查理·马特继

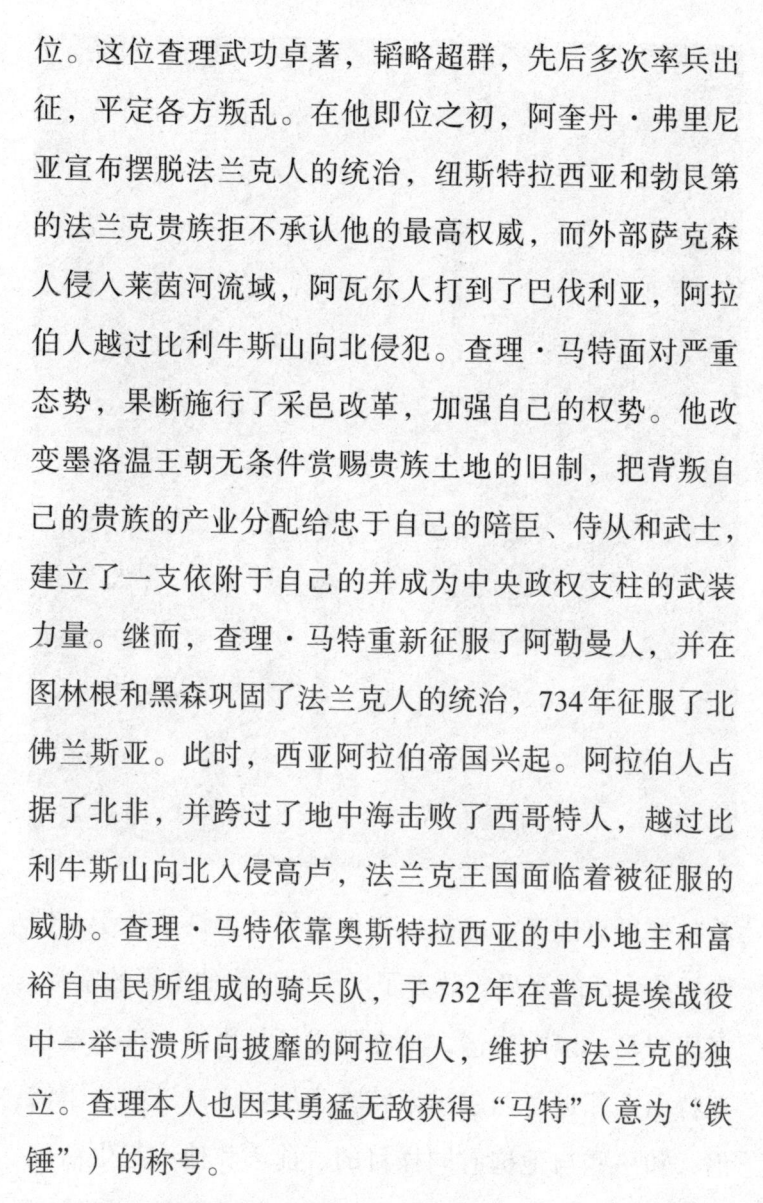

位。这位查理武功卓著，韬略超群，先后多次率兵出征，平定各方叛乱。在他即位之初，阿奎丹·弗里尼亚宣布摆脱法兰克人的统治，纽斯特拉西亚和勃艮第的法兰克贵族拒不承认他的最高权威，而外部萨克森人侵入莱茵河流域，阿瓦尔人打到了巴伐利亚，阿拉伯人越过比利牛斯山向北侵犯。查理·马特面对严重态势，果断施行了采邑改革，加强自己的权势。他改变墨洛温王朝无条件赏赐贵族土地的旧制，把背叛自己的贵族的产业分配给忠于自己的陪臣、侍从和武士，建立了一支依附于自己的并成为中央政权支柱的武装力量。继而，查理·马特重新征服了阿勒曼人，并在图林根和黑森巩固了法兰克人的统治，734年征服了北佛兰斯亚。此时，西亚阿拉伯帝国兴起。阿拉伯人占据了北非，并跨过了地中海击败了西哥特人，越过比利牛斯山向北入侵高卢，法兰克王国面临着被征服的威胁。查理·马特依靠奥斯特拉西亚的中小地主和富裕自由民所组成的骑兵队，于732年在普瓦提埃战役中一举击溃所向披靡的阿拉伯人，维护了法兰克的独立。查理本人也因其勇猛无敌获得"马特"（意为"铁锤"）的称号。

查理·马特死于741年。矮子丕平和他的兄弟共同执掌了几年，非常和谐，名义上仍旧听命于上述的

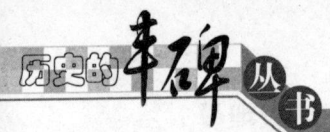

希尔德里克国王。可是后来他的兄弟也许是基于对忏悔祈祷生活的喜爱,放弃了辛劳的世俗的王国的掌管,退居罗马,以求宁谧。他在那里更易服装,进入索拉克特山上邻近圣西尔维斯特教堂的一座修道院当了僧侣,和一些与他抱有同样目的、前来和他一起生活的僧侣安享了几年他所期望的清静生活。但是由于许多法兰克贵族为了履行誓言而巡礼罗马,对这位过去的

法德意三国的共同先驱 查理曼

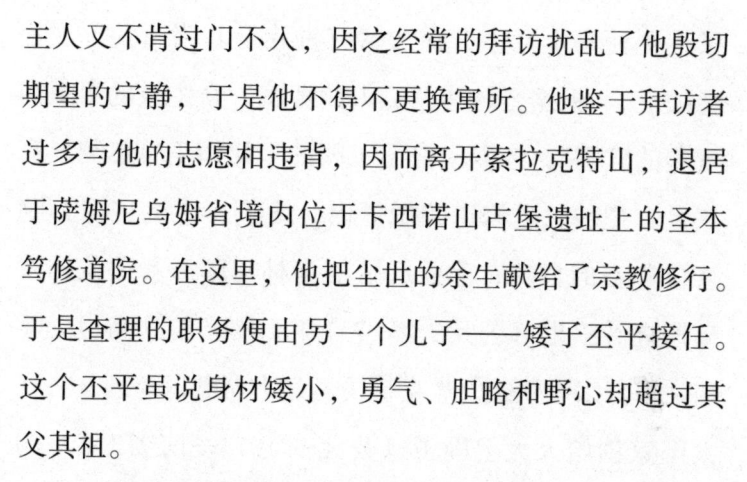

主人又不肯过门不入,因之经常的拜访扰乱了他殷切期望的宁静,于是他不得不更换寓所。他鉴于拜访者过多与他的志愿相违背,因而离开索拉克特山,退居于萨姆尼乌姆省境内位于卡西诺山古堡遗址上的圣本笃修道院。在这里,他把尘世的余生献给了宗教修行。于是查理的职务便由另一个儿子——矮子丕平接任。这个丕平虽说身材矮小,勇气、胆略和野心却超过其父其祖。

为消除国内贵族对自己的背离和反抗,矮子丕平"挟天子以令诸侯",抬出了一个被大家遗忘的基督教隐士、墨洛温王室的后裔希尔德里克三世,把他立为法兰克的国王。同时又顺服于罗马教皇,从而取得了高卢基督教会和罗马教皇的支持,陆续平定了国内大贵族的叛乱,巩固了自己的权力。

公元751年,矮子丕平派出使臣去见罗马教皇扎恰里(公元741—752年),切实了解教皇对丕平夺取墨洛温王朝的王位的态度,然后决定对教皇的取舍。使臣来到罗马谒见教皇,并向教皇提出了如下问题:"是徒有虚名的人做国王好,还是让真有实权的人做国王好?"教皇面对使者的提问,自然懂得矮子丕平的用意,于是讨好地答复道:"在我看来,让真有实权的人当国王要好些,掌权者应为王。"得到教皇的认可,矮

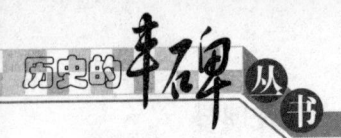

子丕平便马上动手,在法兰克贵族及其附庸的苏瓦松会议上,"根据全体法兰克人的拥戴,众主教的奉献和贵族的宣誓",废黜墨洛温王朝的末代国王希尔德里克三世,把他关进修道院做僧侣,终于在这年11月达到篡位称王的目的,建立起了加洛林王朝。新即位的教皇斯提芬三世(公元752—757年)则亲自到高卢为新国王举行宗教仪式。教皇模仿圣经上所载以色列——犹太国家创始人大卫国王(公元前1013—前973年)的榜样,将丕平和他的妻、儿涂上圣油。这一仪式使新

法德意三国的共同先驱　**查理曼**

王朝的国王具有一种神圣的色彩,表示国王是"蒙上帝之恩当选"的神权国王,从而使丕平担任的国王成为上帝在世间统治的代表,反对国王就是反对至高的神。

751年11月,在取得罗马教皇的准允后,他在苏瓦松召集法兰克王国的贵族大会废黜了墨洛温王室的末代君主而自立为王,建立了强有力的加洛林王朝(加洛林家族中最著名的统治者是查理大帝,"查理"拉丁文Candus读为"加洛林",故称加洛林王朝)。

丕平如此顺利地实现了称王的心愿，自然对教皇满怀感激。公元754年，伦巴德人入侵罗马，威胁到教皇领地，教皇亲往法兰克，向丕平求援。丕平出迎教皇于庞帝翁，让教皇乘马，自己徒步行走，装出一副恭谦的样子。教皇赐给丕平以"罗马贵族"的头衔，使加洛林王朝的君主成为罗马教皇的武力支持者。公元756年6月，法兰克王丕平应教皇的请求，出兵征服了伦巴德人，并把从伦巴德人手中夺回的土地——罗马城及其原东罗马帝国在意大利的拉文那总督管区划归教皇管辖，这便是教会史上称谓的"丕平献土"，也是教皇国的起始。"教皇国"——教皇的世俗君主权开始形成，直至19世纪末叶（1870年），教皇国的存在一直是意大利的政治特征。

矮子丕平是位很有魄力的国王。他称王之后，发现一些法兰克贵族对他不服气，便在一次集会上命人牵来一头巨大而凶猛的公牛，又向它放出一头饥饿残暴的狮子，狮子狂吼着扑向公牛，攫住了它的脖颈。这时丕平让周围的贵族们去把两头动物分开。面对殊死搏斗的狂怒畜牲，贵族们早已吓得战战兢兢，说："天下哪有人敢尝试这件事？"这时丕平站起来，拔出宝剑，只一挥就把狮子的脖子砍断，同时把牛头齐肩胛切掉。他收剑入鞘，对贵族们说："你们认为我配做

法德意三国的共同先驱　**查理曼**

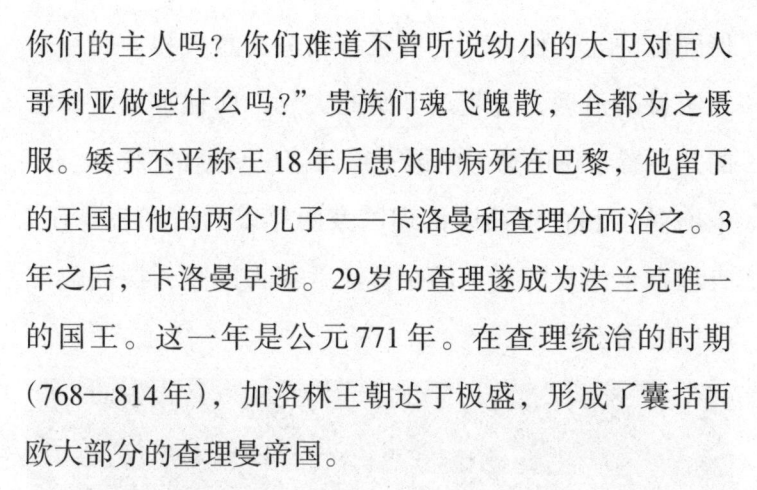

你们的主人吗？你们难道不曾听说幼小的大卫对巨人哥利亚做些什么吗？"贵族们魂飞魄散，全都为之慑服。矮子丕平称王18年后患水肿病死在巴黎，他留下的王国由他的两个儿子——卡洛曼和查理分而治之。3年之后，卡洛曼早逝。29岁的查理遂成为法兰克唯一的国王。这一年是公元771年。在查理统治的时期（768—814年），加洛林王朝达于极盛，形成了囊括西欧大部分的查理曼帝国。

　　丕平借助于罗马教皇的力量由宫相成为国王以后，就独自统治法兰克达15年之久，甚至还要长些。他曾经对阿奎丹的公爵魏法尔连续打过9年阿奎丹战役，战争结束以后因水肿病死在巴黎，留下查理和卡洛曼两个儿子。由于天意，他们承继了国家。法兰克人召开了一次庄严的民众大会，选举他们两人做国王，附带条件是：他们应该平分全部国土，而查理应该专门管理他的父亲丕平所掌握的地方；同时卡洛曼则得到他们的伯父卡洛曼所曾经统治过的地方。他们接受这些条件，分别得到分给自己的一份国土。两兄弟之间保持了和谐，虽然不无困难，因为卡洛曼的许多党羽力图破坏他们的联盟，有的甚至希望他们进行战争。但是事实的进程证明，对于查理的危险只不过是一种虚幻，并未见诸事实。因为在卡洛曼死后，他的妻子

政治家卷　011

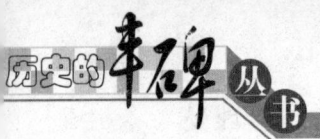

偕同她的儿子们和一些贵族首脑逃往意大利，而且毫无明显的道理，竟越过了她的夫兄，而把她自己和她的儿子置于伦巴德人的国王德西德里乌斯的保护之下。卡洛曼在和查理共同治理国家两年以后，因病身死。查理在卡洛曼死后，经全体法兰克人同意，被拥戴为唯一的国王。

法德意三国的共同先驱　**查理曼**

查理其人

> 人是肉身化的理性,有思考的生物——这个称号使他区别于其他生命,成为万物之灵长。
>
> ——别林斯基

　　查理生于742年,其出生地可能是后来成为其首都的阿亨城附近。他的躯体高大而强壮,身材颀长,但是并不粗笨,他的身长是脚长的七倍,头顶呈圆形,眼睛很大,目光敏锐。他的鼻子比一般人的大些,头发美丽而呈白色,神态活泼愉快;因此无论或坐或立,面容总是庄严而感人。虽然他的颈部有些粗短,身材有些肥胖,但是由于身体的其余部分很匀称,这点并不显著。他的脚步稳重,全身的姿态很雄伟;他的声音清晰,但是并不像你所预料的那样宏大。他很健康,但是他在去世以前的四年间,经常发烧,最后一只脚也跛了。即使到了那个时候,他也往往自行其是而不肯听从医生的话,他几乎是憎恨医生,因为他们劝他放弃吃惯了的烤肉,而改吃煮肉。他经常操练骑术和

政治家卷　013

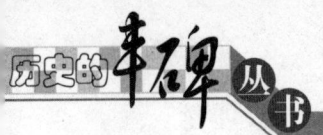

打猎，这是一种民族习惯。他很喜欢天然温泉的水汽，经常练习游泳，他游得很熟练，没有人可以很公平地被认为比他高明。一部分就是由于这个原因，他把他的宫殿修在阿亨，最后几年一直住在那里，直到逝世。他不但常常邀请他的儿子去温泉沐浴，而且常常邀请他的贵族和朋友，有时候甚至还邀请许多侍从和护卫人员前去。

他非常喜好

法德意三国的共同先驱 查理曼

外国的来客并且花费很大的力量招待他们，外宾数目之多，不仅可以看作是宫廷的负担，而且也成为整个国家的负担了。但是，出于一贯的高尚精神，他不大注意这种费用。因为在他看来，与上述行为俱来的慷慨的令名盛誉，对于哪怕是严重的不利都足以补偿。

查理妻妾成群。他先是奉母命同伦巴德国王德西德里乌斯的女儿成婚，因其体弱多病不能生育，一年后离婚，续娶了出身士瓦本族的希尔迪加尔德，希后为他生育了9个子女，其中包括日后继承他帝位的虔诚者路易。第三次婚姻娶的是东法兰克族的法斯特拉达，她生了两个女儿。法斯特拉达死后，查理又迎娶了阿勒曼民族的柳特加尔德为妻，她没有生育。此外，查理至少还有5个妾，她们至少为他生育了7个子女。

查理很重亲情。他的母亲贝尔特拉达一直与他同住到老年，非常荣耀，他对她尊敬备至，因而他们之间从未发生任何争执；只有一次例外，那是由于离弃德西德里乌斯国王的女儿所引起的，德西德里乌斯的女儿是他奉母命娶来的。贝尔特拉达死在希尔迪加尔德之后，她在儿子的家里见到了三个孙子和三个孙女。查理把母亲安葬在他父亲埋骨的圣德尼大教堂里，备极哀荣。

他只有一个姊妹，名字是吉斯拉，从孩童时代起，她就专心过着宗教生活。他对她也像对母亲一样地敬爱。查理死前几年,她死于她在其中度过一生的修道院里。

在子女面前,查理是一个合格的父亲,和蔼慈祥,只要在家总是和子女们同桌共餐,出游时也常将他们

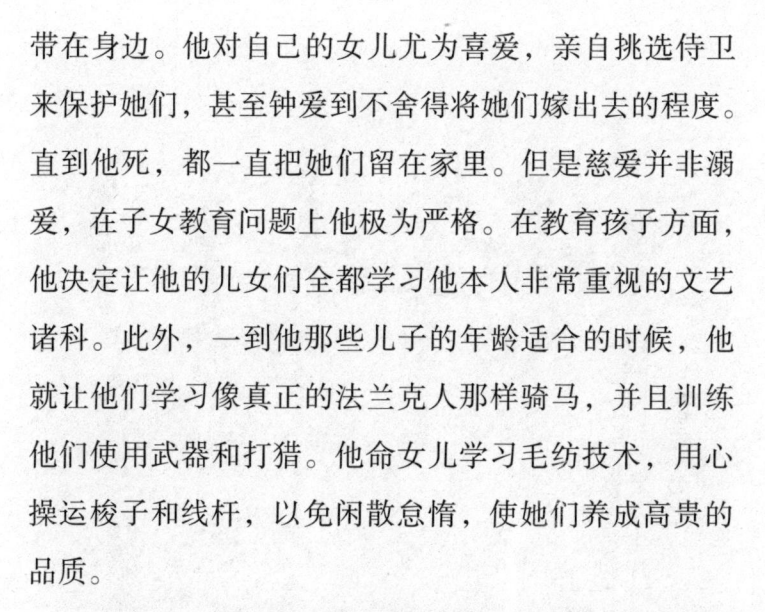

带在身边。他对自己的女儿尤为喜爱,亲自挑选侍卫来保护她们,甚至钟爱到不舍得将她们嫁出去的程度。直到他死,都一直把她们留在家里。但是慈爱并非溺爱,在子女教育问题上他极为严格。在教育孩子方面,他决定让他的儿女们全都学习他本人非常重视的文艺诸科。此外,一到他那些儿子的年龄适合的时候,他就让他们学习像真正的法兰克人那样骑马,并且训练他们使用武器和打猎。他命女儿学习毛纺技术,用心操运梭子和线杆,以免闲散怠惰,使她们养成高贵的品质。

他在逝世以前,已经丧失了两个儿子和一个女儿:长子查理、曾被立为意大利国王的丕平和曾经同希腊人的皇帝君士坦丁订过婚的长女赫罗特鲁德。丕平留下一个儿子,名字是伯纳德,还有五个女儿,名字是阿达尔海德、阿图拉、贡德拉达、贝尔泰德和提奥德拉达。在对待他们的态度上,查理最有力地证明了他的家庭感情,因为他的儿子一死,他就指定孙子伯纳德继承其父,并把孙女收来同自己的女儿一起抚养。

他对抚养子女这样在意,以致他在家的时候,从来不曾不同他们一起吃饭,他出游的时候,从来不曾不带他们同去。他的儿子同他一起骑马,女儿跟在后面。有些专门挑选出来的侍卫在他女儿所在的行列殿

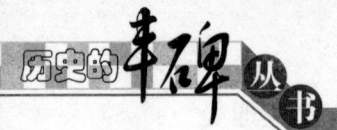

后从事防护。她们都很美丽。很受父亲钟爱，可是，他不肯把她们嫁出去，既不许配给本族人，也不许配给外国人，因之，人们不免感到诧异。但是直到他死，他一直把她们都留在家里，他说他不能够离开她们。

法德意三国的共同先驱　**查理曼**

对于朋友他非常尊重、忠诚、守信,细心地关照着他们的收益。但对反对他的人却铁面无私、毫不留情。他同情弱者,但对于虚荣高傲的人却十分厌恶,有几件小事可以表明查理的为人之道。

罗马教皇哈德良一世被查理视为知己,当他去世的噩耗传来时,查理痛哭失声,仿佛失去了亲人。希后有个兄弟叫乌达尔里克。希后死后,一次乌达尔里克犯了过失,被削去了爵禄。这个处置是过重了一些,于是有个宫廷侍从为他打抱不平,故意在查理听得见的地方说:"他的姐姐死了,他的爵禄也丧失了。"查理被深深打动,

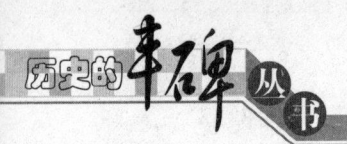

感念旧情，又恢复了乌达尔里克的爵禄。一次某主教去世，他一生只向教会捐献过两磅银子。当人们向查理汇报此事时，站在旁边的一个年轻的宫廷教士心直口快地批评了该主教的吝啬和贪婪，于是查理当即便允诺由这位年轻人继任该主教的职位。但是觊觎此位的大有人在，其中不乏名门贵胄，他们打通各种关节向国王推荐，甚至搬来希尔迪加尔德王后说情，王后欲用夫妻之情打动查理来满足她的请求，但查理始终不为之所动，信守对那个年轻教士的允诺。又有一次，查理在巡游中来到一处行宫，行宫中专为国王唱圣诗的歌唱队中恰好刚来了一位游方僧，初来乍到，他不了解唱诗的规则，因此唱了没几句就唱不下去了。这时歌唱队长举起棍子来威吓他，逼他继续唱。这个可怜的游方僧走不敢走，唱不会唱，又不敢不唱，一张脸涨得通红，脖子扭得像一张弓，张嘴鼓腮拼命模仿唱的样子，引得周围的人都笑起来，但是查理却没有笑，仿佛没有看到似的。弥撒结束后，他把那个游方僧招到面前。那僧人浑身打战，以为定要遭受到一顿重责，没想到查理和颜悦色地说："好教士，多谢你的歌唱和努力。"并且赏他一磅银子，把那游方僧感动得热泪盈眶。

但是那些冒犯了他、使他憎恶的人的命运就完全

法德意三国的共同先驱 **查理曼**

不同了。那些阴谋造反的叛臣不是被剁去肢体,就是被刺瞎双眼,甚至被处死,最轻的也被流放和禁闭起来,连他自己的儿子也不例外。他有一个庶出的儿子丕平,人长得聪明漂亮,可惜是个驼背。畸形的身体造成了畸形的心理,他竟想用害死父王的方式改变自己的地位和在他人眼中的形象。几个对查理不满的法兰克贵族在暗中也唆弄他,答应事成之后扶他为王。一天夜里,他们聚集在圣彼得教堂讨论行动计划。讨论完毕后又疑神疑鬼,唯恐隔墙有耳,于是几个人开

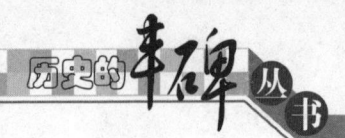

始搜查，还果真发现有个教士躲藏在祭坛下面，他们抓住教士准备杀死他，教士急忙发誓决不泄露秘密。在那个迷信的时代，人们对教士的誓言是深信不疑的，于是阴谋者放心地离去了。没想到教士心里认为这个誓言根本就不能算数，因为它不是正道的，不必遵守。教士当即赶往查理的宫殿，宫门紧锁。不知那教士用什么方法翻越了7道宫门，终于叩响了查理寝宫之门。查理深为惊讶，谁敢在半夜三更惊动他呢？他命两名侍女打开宫门，她们看到门外是个衣冠不整、气喘吁吁的教士时立刻插上了门，而且笑得弯下了腰，认为是个半疯半傻的无赖。可是查理却警觉地命令带那人进来。那人跪在皇帝脚下，一五一十地陈述了全部情况。不待天亮，阴谋分子已被一网打尽并受到刑罚，丕平本人也痛遭鞭笞，并被剪去头发送到最清贫、教规最严的圣高尔修道院修行。有个主教，过分追求虚荣和世俗名誉，查理听说后就让一个犹太商人尽其所能捉弄主教。犹太人捉了一只老鼠，体内填满香料，然后向主教兜售，声称这是从圣地耶路撒冷带来的稀有动物。主教十分高兴，认为这是意外的运气，出3磅银子购买这只老鼠。但是犹太人说宁肯扔进大海也不能以这样低贱的价格出售。双方反复讨价还价，最后这个极为富有却从不济贫的主教出了好几十磅银子

法德意三国的共同先驱　**查理曼**

买下了这只老鼠。犹太人把经过告诉查理。几天后，查理召集全体主教和地方官开会。他命人把那一堆银子搬来放在宫殿中央，然后说："你们应该帮助穷人，而不应追求浮华。但是你们的行为与此恰恰相反，你们又虚荣又贪婪，你们之中有个人竟为一只假老鼠而把全部银子给了一个犹太人。"搞得那个主教狼狈不

堪。可是他并未接受教训,其后不久,又乘查理大帝外出打仗之机,请求皇后允许他在节日里使用查理的金笏,而不用自己的神杖。理所当然,他又受到了查理大帝的斥责,而且这次是当着更多的人,包括很多外国使臣的面。查理说:"主教们应该藐视这个世界,要以身作则地去感化别人去追求天国生活,但是他们现在受到野心的驱使,更甚于其余一切的人,其中有一个人掌管了日耳曼的首屈一指的教区,还不满足,竟敢不经我的同意,要拿我的象征帝王意旨的金笏,当作神杖使用。"令那主教无地自容。

他穿着本族的,也就是法兰克人的服装。他的衬衣、衬裤是用麻布制的,外面罩着一件镶丝边的外套,脚穿长袜,腿上横缠着袜带,两只脚套在鞋子里。冬天,他用水獭皮和貂皮做的短上衣来保护臂膀和胸部。他穿着蓝色的外衣,经常佩带着一支剑,剑柄和剑带是金的或银的。偶尔也使用一把镶宝石的剑,但这只是在重大节庆或接见外国使臣的时候。外国服装虽然美观,但是他不喜欢,除了有一次在罗马由于哈德良教皇的请求,另一次由于哈德良的继任者利奥教皇的请求,他穿上长外套、外衣、罗马式的鞋子以外,他从来不肯穿着它们。每逢节日,他穿起织金的袍服、缀有宝石的靴子,外衣系上金束带,还戴着分外耀目

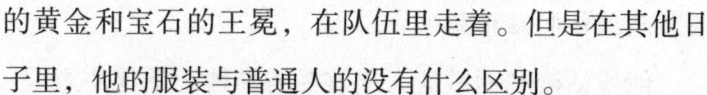

的黄金和宝石的王冕，在队伍里走着。但是在其他日子里，他的服装与普通人的没有什么区别。

他在饮食方面节制有度，对饮酒尤其如此，因为他对任何人的，特别是自己和朋友们的酩酊醉态抱有强烈的憎恶。他对禁食是不容易做到的，常常抱怨说斋戒有害于他的健康。除了在重要的节日以外，他难得举行盛大的宴会，但是每到那个时候他就邀请许多客人。他平日只吃四道菜，但是猎人们常常带来的放在烤叉上的烤肉则不包括在内，他吃起烤肉来比吃别的东西更为餍足。用餐之际，或有歌唱，或有朗读，供他听赏。朗诵者把历史和古代人物的伟大业绩读给他听。他对圣奥古斯丁的著作深为喜爱，特别是对题名为《上帝之城》的那部。

夏天午饭之后，他吃一些水果，喝一口饮料，然后，正像他晚上做惯的那样，脱下衣服、靴子，休息两三小时。晚间，他睡眠如此之不安稳，竟至一夜之间醒来或起床四五次之多。

当他正在穿靴子和衣服的时候，他不仅会见朋友，而且，如果宫伯前来报告发生了什么非他做出决断就无法解决的争端时，他就会让人把当事人立刻带进来，对于案件进行审问和宣判，犹如他坐在法庭上一般。另外，与此同时，他往往也处理当日必办的任何事务，

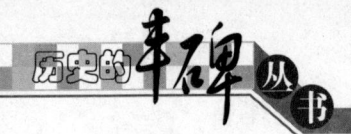

或者向臣仆们发布命令。

他说话流利而敏捷,能够最清晰地表达他的意旨。他并不仅仅满足于本族语言,而且还不辞辛苦地去学习外族语言。他的拉丁语学得这样好,说起来就像是说本族话一样;但是他对希腊文的口语表达却不如理解能力高。他的谈吐这样流利,甚至有时候都显得有些饶舌。

他对于文艺诸科极其注重,对教授各科的人极为尊敬,给予他们很高的荣誉。他从比萨的副主祭彼得(他是一位老人)那里学习文法科目;其余的科目则由阿尔比努斯,即阿尔昆讲授,阿尔昆也是一位副主祭,他来自不列颠,属撒克逊族,是当时最有学问的人。查理花费很多的时间和精力从阿尔昆那里学习修辞学、辩论术,特别是天文学。他也学习计算术,并且极其勤勉地细心观察星辰的运转。他还努力学习书写,为了这个目的,他常常把用来写字的薄板和纸张带在身边,放在卧榻的枕头下面,以便在空闲的时刻使自己习惯于写字。但是他对这项陌生的工作开始得太晚了,因此几乎没有什么进展。

多年来,欧洲学者们为中世纪的查理大帝歌功颂德,编造了一系列的神话,给这位历史名人镀上了一层神圣的金色。其实,查理大帝也是一个普通人,一

法德意三国的共同先驱 **查理曼**

个有着七情六欲的普通人。所不同的是，他具有着坚毅果敢的品质和极富魅力的性格，致力于查理曼帝国的崛起和基督教文化的传播。

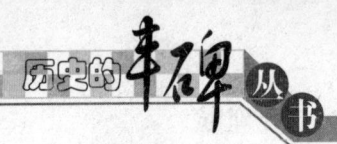

相关链接
XIANGGUAN LIANJIE

加洛林王朝

8世纪中叶—10世纪统治法兰克王国的封建王朝。由其家族惯用名字而得名。751年法兰克王国宫相查理·马特之子丕平（矮子）在罗马教皇支持下废墨洛温王朝末王自立，建立加洛林王朝。他将意大利中部土地赠给教皇作为酬谢，又征服南部高卢。矮子丕平之子查理经过连年征战，控制了西欧大部分地区，建立庞大帝国，并于800年由罗马教皇加冕称帝，史称查理大帝。查理死后，帝国走向解体。虔诚者路易在位时(814—840)，封建内战加剧。843年，他的3个儿子缔结《凡尔登条约》，帝国一分为三：日耳曼人路易领有东法兰克王国，秃头查理领有西法兰克王国，罗退尔一世领有中法兰克王国，皇帝称号由罗退尔一世继承。870年日耳曼人路易和秃头查理争夺罗退尔一世的属地，签订《墨尔森条约》，共同瓜分了处于东西法兰克之间的洛林，形成后来德意志、法兰西和意大利三国的雏形。查理帝国最后一个皇帝

法德意三国的共同先驱 **查理曼**

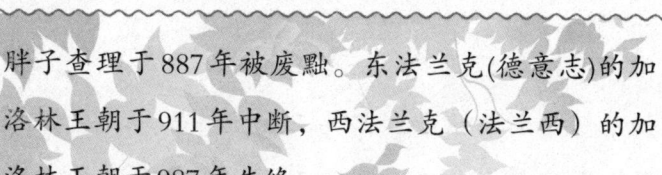

胖子查理于887年被废黜。东法兰克(德意志)的加洛林王朝于911年中断，西法兰克（法兰西）的加洛林王朝于987年告终。

起源于今日法国中部的一个小部落，在当时混乱不安的时代，只要有能力就极有可能出头。丕平就是在这样的情况下：本身有能力并得到军队的支持，于是推翻了部落中旧王，自行任命自己是新王。而就在此时罗马帝国的边境出现了外族人即伦巴底人的入侵，当时罗马教会的教皇就想出了一个彼此互利的点子：就是请丕平与罗马帝国的军队一同出兵攻打伦巴底人，若打胜仗则罗马教皇就会公开为丕平王进行加冕仪式，立他为王。没想到惊奇的事情发生了，丕平竟然打胜仗了，并且把所占领的伦巴底人的领土的一部分送给了罗马教皇，当作是一份大礼，其作用是：使其罗马城周围有一个安全且缓冲的保护，使敌人不容易入侵。原来教皇只是属于宗教上的领导，但因有这一大片土地要管理，故慢慢的有关部队、百姓生活、政府机关运作等等这些俗世的事物，教皇都得耗费时间来管理。也就是说原本教皇只是教会的领袖，但曾几何时教皇更是政治上的领袖。所以之后欧洲的一些王因着丕平的例子，开始了一个新的认知：只要王能获得罗马教皇的加冕，则就算当初是自立为王，此时也具有合法性了，同时也让百姓们可以信服、有实质的权柄来指挥所属的百姓和领土。

一般认为，加洛林名称的由来，是源自其最著名的君主，查理曼大帝。最后一位加洛林王朝的神圣罗马皇帝死于首位皇帝登基后一百多年的公元899年。

法德意三国的共同先驱　**查理曼**

帝国的崛起

> 土地、朋友、还有金子,这三件东西都是战争的果实。如果连一件都没有希望的话,人们就再也不会发动战争了。
> ——《五卷书》
> 果敢无战不胜,刚毅无征不服。
> ——亚历山大大帝

七八世纪的加洛林家族,可谓群星灿烂,连续数代涌现出治国奇才、杰出英雄。查理的曾祖父赫里斯塔尔·丕平征服了纽斯特拉西亚,成为法兰克王国唯一的宫相,控制了整个法兰克王国,奠定了加洛林家族在法兰克王国中的统治地位;祖父查理·马特击败了阿拉伯人的入侵,维护了法兰克王国的独立,赢得了极大的声誉,父亲矮子丕平则取得了法兰克王位;而查理本人则通过东征西讨建立了欧洲中世纪史上第一个封建帝国,被颂扬为"罗马人的皇帝"。

查理继承了加洛林家族的尚武传统,十分好战,他把长年累月率军征战看作是理所当然的事。查理在

政治家卷　031

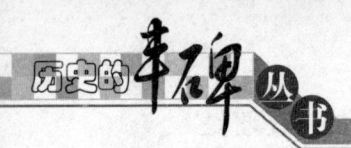

位47年，其间只有两年和平时期，其余时间他一直率军南征北战，大小战争一共打了53次，其中至少30次他都亲临前线。每年在首都阿亨的五月广场召集他的权贵和权贵们的附庸时，所商讨的问题不是应否开战，而是向谁开战。

769年，查理刚登上王位便继续他父亲矮子丕平所发动的阿奎丹战争，这是查理进行的最早的一场征服战争。尽管当时还活着的兄弟卡洛曼不赞成也不协助，但是查理仍然全力以赴。最初阿奎丹人的首领是魏法尔，但他不胜戎马倥偬之苦，暴卒于战场之上。群龙无首，阿奎丹人都有罢兵归顺之意。不想此时魏法尔的父亲胡诺尔德忽然出现，他已出家多年，在一所修道院中修行，然而凡心未泯，听得儿子死讯，不甘本族沦为法兰克人附庸，遂还俗领兵挂帅，重新挑起战争，企图重振阿奎丹的家业。但是毕竟国小民寡，势单力孤，不几日便被查理所率的法兰克大军打得丢盔卸甲，大败而归。胡诺尔德率部众退出阿奎丹，往投加斯康尼人，希望借地暂住，以图东山再起。不想查理为斩草除根以绝后患，派使臣去见加斯康尼公爵卢普斯，声称若不立即将阿奎丹人首领胡诺尔德及其部属交给查理，法兰克大军便要对加斯康尼开战。卢普斯审时度势，情知不敌，慑于查理的势力，于是乖乖

法德意三国的共同先驱　**查理曼**

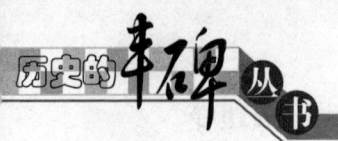

交出胡诺尔德及其所统领的人马，同时宣布从此臣服于查理国王。这样，查理初试宝刀便旗开得胜，阿奎丹和加斯康尼从此收归查理统治之下。

阿奎丹战争结束后，原来和查理共同治理法兰克王国的卡洛曼撒手人寰。查理经法兰克贵族大会成为法兰克唯一的国王。被剥夺继承权的卡洛曼之子和他的母亲逃往伦巴德求援，伦巴德国王德西德里乌斯一直对法兰克人的统治不满，力图破坏查理在法兰克的地位和阻止法兰克人在意大利的扩张，便开始进攻罗马教皇的所属地——拉文那总督区及五城区，并亲自引兵向罗马城进军，要求教皇哈德良一世给卡洛曼的儿子涂香油膏，加冕为法兰克国王以取得合法身份，但遭到了教皇哈德良一世的拒绝。德西德里乌斯大怒，声言要攻破罗马城废黜哈德良一世。773年，应罗马教皇哈德良一世的约请，查理率军进入意大利攻打伦巴德人。此举可以说是子承父业，因为其父矮子丕平就曾两次帮助教皇打击伦巴德人，从而换取了教皇的亲手加冕，此后教皇一直将法兰克统治者视为教会保护神。在法兰克与意大利北部伦巴德人统治地区之间，横亘着高耸入云的阿尔卑斯山脉；白雪皑皑的山脊杳无人迹，到处是险峻尖削的危崖绝壁。查理率军顽强地翻越了天险，仿佛神兵天降迅速出现在伦巴德人面

法德意三国的共同先驱　**查理曼**

前。伦巴德国王德西德里乌斯据城固守。法兰克军队将帕维亚城团团围住，鸟都不放出一只。数月之后，城中粮草枯竭、饿莩满地，德西德里乌斯被迫开城投降，法兰克人几乎兵不血刃便赢得了胜利。为防止伦巴德人叛离法兰克王国，查理娶了德西德里乌斯之女，但她体弱多病不能生育，查理一年后与其离婚。这一来惹怒了德西德里乌斯，他率领伦巴德人重新在帕维亚城起事，修建高墙深壕，紧闭城门，宣誓再次与法兰克人为敌。查理接到消息后立即起兵全速驰往意大利征讨自己的岳丈伦巴德国王。恰巧有一个叛逃的法兰克贵族奥特克尔在德西德里乌斯处避难，听说法兰克大军逼近，两人一起登上城头高塔眺望敌情。最先出现在视野中的是浩浩荡荡的车队，尘烟遮天蔽日，

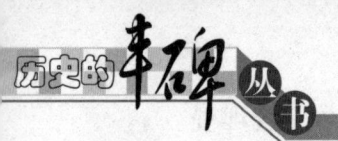

德西德里乌斯看得十分心惊，问奥特克尔："查理就在这支大军中吗？"奥特克尔说："不在，这只是辎重队。"又过了一会儿，步兵出现了，威武雄壮的队伍一眼望不到头，德西德里乌斯说："查理一定在这支队伍中吧？"奥特克尔答道："他不在。"德西德里乌斯惊恐万分。"难道后面还有更庞大的兵力吗？"正当说话时，查理的亲随人员出现了，光是教士和修道院士便不计其数。德西德里乌斯结结巴巴地说："让我们藏起来吧，躲开这样一个可怕的敌人的脸吧！"话犹未了，从西面翻滚来一片乌云，明朗的天空黯然失色，一支铁的骑兵队伍开过来了，太阳的光芒被铁的闪光反射回去，铁矛、铁剑、铁甲、铁盾牌，连战马都是铁的颜色。"呀，铁，倒霉的铁！"守军中一片恐怖的喊声。查理国王出现了，他全身盔甲，仗剑持矛，脸色铁一般严峻，心肠铁一般冷酷。奥特克尔只来得及说出一向"你期盼看到的查理就在那里"，便倒地昏厥过去。在铁的军队面前，坚实的城墙摇撼了，守军的决心瓦解了，法兰克人不战而胜。但是查理并没有在当天入城，他吩咐在城外扎营，并让手下建造一座教堂以进行礼拜仪式。法兰克人人人动手，只用了8个小时，平时需用一年时间才能建成的一座教堂拔地而起。这一显示力量之举使全体伦巴德人魂飞魄散，再不敢存

法德意三国的共同先驱　**查理曼**

与法兰克人为敌之念。意大利北部中部从此处于查理控制之下，德西德里乌斯国王被终生流放，他的儿子阿达尔吉斯被逐出意大利。查理自兼伦巴德国王，并重申父亲矮子丕平的诺言，将意大利中部土地奉献给基督教会，而教皇哈德良一世授予他"罗马人长老"的称号作为答谢。以后，查理又派兵征服了意大利南部的本尼文托公国，很快又击溃了正要图谋起事的弗里乌利公国军事长官赫鲁德高乌斯的军队，将整个意大利置于自己的统治之下，成为查理曼帝国版图中的一部分。781年，查理立他的次子——希后所生的丕平（虔诚者路易）为

政治家卷　037

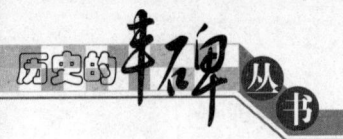

意大利国王。

　　巴伐利亚人曾臣服于法兰克王国的墨洛温王朝，但公元7世纪中叶又宣布独立。在查理重新占领伦巴德王国之后，巴伐利亚的存在对查理在意大利北部的统治构成了一种威胁。因为巴伐利亚公爵塔西洛性情骄横狂妄，他的妻子是伦巴德国王德西德里乌斯的女儿。伦巴德被灭后，公爵夫人便挑唆丈夫塔西洛公爵与查理为敌，欲借公爵之手打垮查理为父亲报仇。787年，在公爵夫人的怂恿下，塔西洛公爵与东邻的匈奴人结成同盟，拒绝服从查理，甚至向查理挑战。查理不能容忍他的狂傲无礼，于是率军前来讨伐。但是当查理大军推进至莱茵河畔时，塔西洛畏惧了，他派出包括自己儿子提奥多在内的人质到查理那里去，保证永远对查理保持忠诚。就这样查理又一次不战而胜，但他对骄横而又愚蠢的塔西洛无法信任，因此于次年将其废黜，削去头发幽闭于修道院，另派亲信伯爵治理巴伐利亚。同时，查理还在巴伐利亚的东部地区建立了许多防卫堡垒，以抗御东方的斯拉夫人和匈奴人的侵袭。这一段东部边界也称奥斯特边区，日后又形成了一个新国家的核心地区，便是今天奥地利共和国的前身。

　　征服巴伐利亚使国王查理不可避免地面临着与阿

法德意三国的共同先驱　**查理曼**

瓦尔人的战争。阿瓦尔人是来自亚洲的游牧人，他们在多瑙河和蒂莎河之间的草原上建立了一个阿瓦尔国。多年来，阿瓦尔人由于掠夺和收受拜占庭帝国及其他地区的重贡而富甲一方。查理深知阿瓦尔部族居民骁勇善战，不可轻视，因此战前做了充分的准备，并且亲自指挥了其中最重要的一次战役，即对阿瓦尔人盘踞的腹地潘诺尼亚的征服，其他战事则交给他的儿子

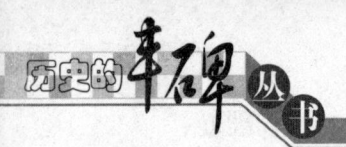

和部将指挥。双方一直打了8年，阿瓦尔人号称坚不可摧的土木栅栏围成的环形壁垒被夷为平地了，阿瓦尔贵族全部战死在沙场之上，阿瓦尔可汗的宫殿被焚烧，夷为平地。流了这样多的血，死了这样多的人，以至于几十年后，潘诺尼亚一带仍然是一片荒凉，渺无人迹，只有被鲜血沃肥的土地上生长出的茂密青草在寒风中瑟瑟作响。长期以来阿瓦尔人从欧洲各民族那里抢掠了大量财富，如今这些财富都成为法兰克人的战利品，传说共用了15辆由4头牛拉的货车才把聚敛来的金银珠宝、珍贵衣饰运回法兰克王国。以前法兰克人一直是蛮族中较穷的一支，现在他们拥有了数不清的金银珠宝，大大充实了帝国的国库，极大刺激了查理大帝对外扩张的野心。

772—804年，查理进行了旷日持久、惨烈异常的征服萨克森之战。对萨克森人的征服对于后来德意志国家的形成起到了相当重要的促进作用。

萨克森人也属于日耳曼人的一支，他们一直居住在莱茵河以东直到易北河的广大地区。他们发展落后，在征服之前还处于国家形成的原始部落社会时期，但是部落内部已发生了变化。萨克森人国家的政治细胞是区，在区之上是3个省——威斯特伐伦、安格尔恩和奥斯特伐伦。最高国家机构在和平时期是在威悉河

法德意三国的共同先驱 查理曼

畔马尔克洛举行的代表大会,大会有权决定战争与和平,修订法规和处理司法问题等。在战争时期,代表大会从区长官中选任公爵,公爵的权限严格地限制在战争期间,而且主要担当领兵作战的任务。尽管在马尔克洛大会上贵族的人数仅占1/3左右,但是贵族由于拥有广阔的地产和众多的扈从而在政治上占居优势。萨克森人民风彪悍凶暴,崇信鬼神,拒不接受基督教。法兰克和萨克森之间只有少数地区有山脉、森林作为天然边界,其余多为平原,边界不清,因而双方战事仍旧很频繁。查理大帝即位后下决心彻底解决萨克森

政治家卷 041

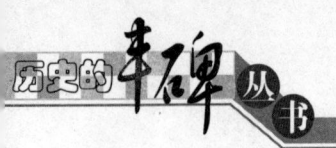

的问题。但是这条战线上的进展并不很顺利,凶猛彪悍的萨克森人拼死抵抗法兰克军队,双方伤亡都极为惨重。查理的大臣爱因哈德感叹地说:"没有一次战争比萨克森战争更持久,更残酷。没有一次战争需要法兰克人付出更大的力量。"而且萨克森人惯于用诈。每当抵挡不住时便遣使和谈,答应归降,从而赢得喘息时间。一俟恢复元气,立即背信食言,重新起兵攻打法兰克人的营垒。这样的反复不知有多少次,搞得查理恼怒异常,因此当萨克森人最终被彻底打败时,他采取了极为残酷的惩罚措施:在某地,他一次就下令砍掉了4500名萨克森人的头颅;在易北河西岸,他强令1万户居民迁居,违令者处死。同时,查理利用宗教作为巩固征服的手段,在萨克森各地大兴土木建造教堂,强迫萨克森人改信基督教。不肯改变信仰、保持异教习惯者一律处死。此后,基督教逐渐成为萨克森人的宗教信仰,但据估计,在这次强制改变宗教信仰的过程中,先后被处死的萨克森人达其人口总数的近1/4。征服萨克森的结果,是法兰克国家的东北边境一直推进到易北河流域。

  在这次战争里,法兰克人和萨克森人双方都有许多出身高贵和职位显要的人阵亡,但是战争终于在第三十三年停止了。当时在世界各地所爆发的反对法兰

法德意三国的共同先驱　**查理曼**

克人的战争是这样频繁，这样严重，而国王又以这样的技巧来指挥作战，以致观察家有理由怀疑究竟是他的不畏艰辛，还是他的鸿运更值得令人钦羡。意大利战争比萨克森战争早两年即行开始，虽然战事从未间断，但是他在世界任何地方的事业却没有因而中辍，而且无论在哪一次战争里，尽管条件艰苦，也从未订过停战协定。因为这位国王，这位在当时统治世界各国的诸王中最英明、最高尚的国王，从不因为所需要付出的辛劳而拒绝承担或从事任何事业，也从不因为

害怕危险而退缩。他了解他所承担或完成的每一件工作的真实性质，因此，他从来不因为失利而受到挫折，也从来不因为侥幸走运而迷失方向。

在对萨克森人的战争经常地、几乎不间断地进行着的时候，他把卫戍部队布置在边境的适当地点，率领一支他所能召集的最庞大的远征军去进攻西班牙。这次袭击他跨过比利牛斯山，接受了他所进攻的城镇和要塞的投降，领着军队平安无损地回来了。其间只有一次失利，这是在归途中，通过比利牛斯山隘口的时候，由于加斯康人的反叛行为造成的。当军队为了适应地形和山隘的特点，排成长列，正在行进的时候，加斯康人却在山顶上布置了伏兵，这里附近一带森林广阔而茂密，非常适于设伏，于是他们直冲而下，进入下面的山谷，冲乱了法兰克辎重部队的最后部分，也冲乱了保护前面部队的后卫部队。在接踵而来的战斗中，加斯康人把他们的对手杀到最后一人，然后夺取了辎重。当时夜幕已降，在夜色的掩护下，他们以最快的速度向四面逃散了。在这次战斗里，加斯康人的轻便的武装和肇事地点的地势都有利于他们。在交战中，御膳官埃吉哈德、宫伯安塞尔姆、不列颠边防区长官罗兰和其他许多人一起被杀死了。敌人未能立即受到惩罚，因为袭击结束以后，敌人整个地遁迹了，

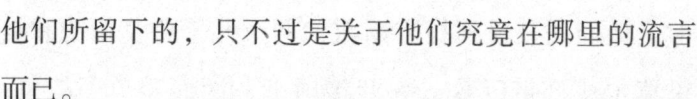

他们所留下的，只不过是关于他们究竟在哪里的流言而已。

查理征服萨克森人之后，任命萨克森人的贵族们为伯爵，实施封建的生产方式，建立起一系列的政治制度和法律制度。为了遏制萨克森人的特殊发展，查理将萨克森同东法兰克、阿勒曼、巴伐利亚联合成为统一的国家联盟，这就为日后形成德意志民族和德意志国家创造了条件。

接着查理乘胜前进，去征服西斯拉夫人的一支维尔齐人。这些人住在易北河以东，波罗的海东岸，经常骚扰法兰克以前的同盟者阿博里提人，查理数次命令他们停止骚扰，但他们置若罔闻。在查理的亲自指挥下，法兰克人、萨克森人及其他同盟部族共同作战，渡过波罗的海，一举击溃了嚣张的维尔齐人。此后他们再也不敢违抗查理的命令了。

他还征服了住在法兰克极西端、大西洋沿岸的不列颠人，不列颠人曾经表示不服，因此他派远征军去讨伐他们，迫使他们交纳人质，并且答应此后遵从他的命令。

后来，他亲自带兵进入意大利，经过罗马，来到坎帕尼亚的城市卡普亚。他在卡普亚扎下营寨，并对本内文图姆的居民进行威吓，如不投降，即诉诸战争。

但是他们的公爵阿拉吉斯派他两个儿子鲁莫尔德和格里莫尔德携带巨款,去迎接国王,因而避免了战争。他请求国王把他的儿子当作人质收下,并且答应:除了他不能够亲自来到国王面前以外,他和他的人民将听从国王的一切命令。查理更多地为人民利益着想,而不大在意他们公爵的顽固不化,他接受了献给他的人质,并且格外施恩,同意免除个人朝见。他把小一点的孩子当作人质留下,把大一点的送还给他的父亲。然后他派遣使者去要求并且接受本内文图姆人和阿拉吉斯的效忠誓言,接着返回罗马。他在罗马用了几天工夫去参拜各处圣地,然后回到高卢。

在布列塔尼半岛,查理所进行的征服战争进行得并不顺利。786年和799年,查理先后两次组织了对布列塔尼的远征。但是当他的军队一撤走,布列塔尼人又起来反抗,查理最终没有彻底征服布列塔尼。

查理所进行的最后的战争是对北欧人的。北欧人即诺曼人,包括丹麦人、挪威人和瑞典人,这些人经常从事海盗式的偷袭,骚扰高卢和萨克森沿海。他们的国王名叫戈多夫里德,此人狂妄自大,相信自己能成为全日耳曼人的主人,甚至把法兰克人和萨克森人居住的地区都视为自己的领地,扬言说不久就要带兵进驻阿亨(阿亨是查理宫廷所在地)。来自北方的威胁

法德意三国的共同先驱　**查理曼**

使查理忧心忡忡，夜不能寐。对萨克森和维尔齐人的战争一结束，查理便率军北上，准备沿一条行军艰险、鲜为人知的小路直捣北欧人腹地。但就在行军途中，一天夜间，某修道院的100头牛突然倒毙，查理认定这是凶兆，遂下令停止北上，班师回国。但北欧人认为这是不战而胜，愈发猖獗。一次，他们听说查理外

出巡视，便乘机侵入法兰克领土，驻军摩泽尔河畔。可是就在北欧人蓄势待发之时，国王戈多夫里德因另娶新欢而抛弃了原配妻子，引起自己儿子的不满。一天在戈多夫里德打猎之际，他的儿子趁父亲正弯腰从猎鹰爪下取出猎物，拦腰一剑将其刺死。北欧人失去了统帅，乱作一团，无心再战，急急忙忙都撤退了，法兰克人为不发一枪一弹而退敌兴高采烈欢呼胜利，查理却大发牢骚，觉得太便宜这帮北欧人了。

这些就是这位强有力的国王在他统治的47年间，在世界的各个地方，以最高的技巧和最大的成效所进行的战争。他从他的父亲丕平手里继承法兰克王国的时候，这个国家已是十分强大。但是通过这些战争，他使得国家的版图几乎扩充了一倍。因为在他以前，法兰克王国的统治只限于高卢的一部分，即莱茵河、卢瓦尔河、巴利阿里克海所环绕的地区；以及所谓东部法兰克人居住的那部分日耳曼，即为萨克森、多瑙河、莱茵河和流经图林根人与索拉布人之间的萨尔河所围绕的地方；另外还及于阿勒曼尼人和巴伐利亚人的住地。但是查理通过上述各次战争，征服并君临了下列各国：首先是阿奎丹和加斯康尼、整个比利牛斯山脉，直至埃布罗河为止的西班牙领土，埃布罗河发源于纳瓦尔，流经西班牙的最肥沃的地区，在托尔托

048　政治家卷

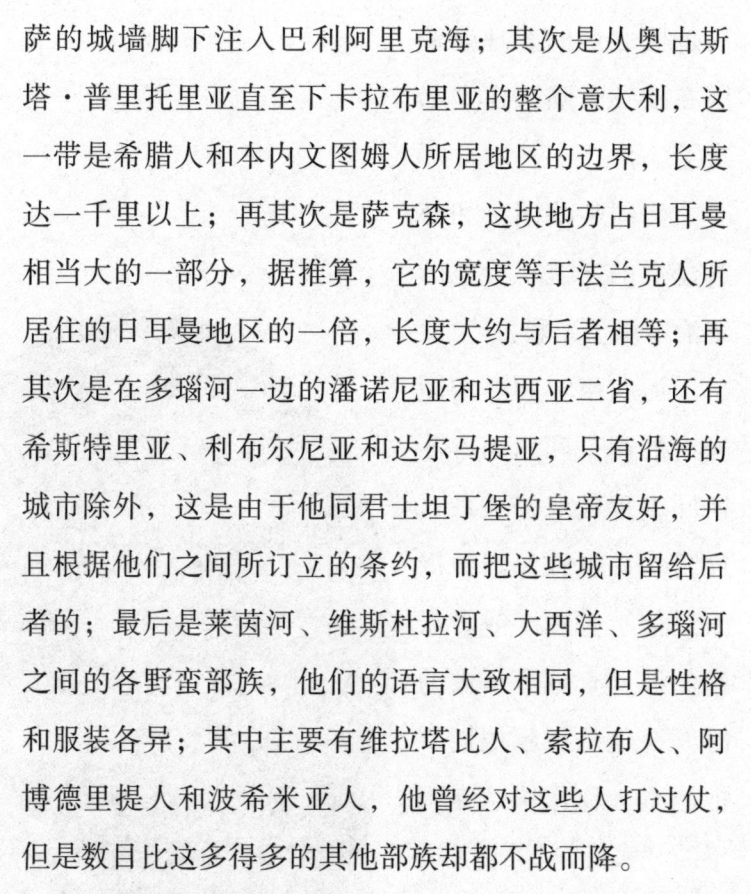

萨的城墙脚下注入巴利阿里克海；其次是从奥古斯塔·普里托里亚直至下卡拉布里亚的整个意大利，这一带是希腊人和本内文图姆人所居地区的边界，长度达一千里以上；再其次是萨克森，这块地方占日耳曼相当大的一部分，据推算，它的宽度等于法兰克人所居住的日耳曼地区的一倍，长度大约与后者相等；再其次是在多瑙河一边的潘诺尼亚和达西亚二省，还有希斯特里亚、利布尔尼亚和达尔马提亚，只有沿海的城市除外，这是由于他同君士坦丁堡的皇帝友好，并且根据他们之间所订立的条约，而把这些城市留给后者的；最后是莱茵河、维斯杜拉河、大西洋、多瑙河之间的各野蛮部族，他们的语言大致相同，但是性格和服装各异；其中主要有维拉塔比人、索拉布人、阿博德里提人和波希米亚人，他曾经对这些人打过仗，但是数目比这多得多的其他部族却都不战而降。

在查理刚继承法兰克王位时，他们国土只包括高卢的一部分，即莱茵河、卢瓦尔河和西地中海之间的地区。经数十年的征战，法兰克王国迅速膨胀，其版图已扩大至整个西欧，从易北河到比利牛斯山脉南麓，从北海到巴塞罗那和本尼文托，其幅员包括现今的法国、德国、比利时、卢森堡、荷兰、奥地利、瑞士及意大利和西班牙、匈牙利等国的一部分。一个继西罗

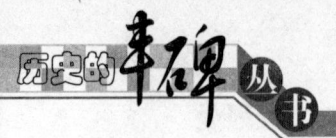

马帝国之后的查理曼帝国在欧洲大陆又建立起来了。

他同某些国王和部族建立的友谊也给他的统治增添了光彩。

加利西亚和阿斯图里卡的国王阿尔德丰苏斯同查理的友好关系这样密切,以致每当他派人送信给查理,或者派遣使节到查理那里去的时候,他总指示他们要把他本人称作法兰克国王的"人臣"。

由于他馈赠珍贵礼品,使苏格兰人的国王们对他产生这样的好感,以致他们总把他叫作他们的君主,而自称是他的顺从的仆人。他们写给查理的信件现在还保

法德意三国的共同先驱　**查理曼**

存着,信里明显地流露了这种感情。

波斯人的国王诃论当时统治着除印度以外的一切东方土地,查理同他建立了和谐的友好关系。这个波斯国王对他的友情比对世界上其他任何国王和王公的友谊都更加珍视,认为只有这份友谊才配得上用馈赠和尊号加以发展。因此,当查理派遣的带着祭献物品到救世主的圣墓和他的复活地点去的使臣来到波斯国王那里,并且表达他们国王的友好情意的时候,他不但对他们有求必应,还允许把这块圣地算作法兰克国王的领地的一部分。他还派自己的使臣跟查理的使臣一同回去,送给查理大量礼物——袍服、香料和其他贵重的东方物产。而在几年以前,他曾经根据查理的请求,把自己仅有的一只象送给了查理。

君士坦丁堡的皇帝尼基法拉斯、迈克尔和利奥也

政治家卷　051

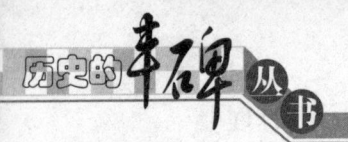

提议要同他建立友好同盟关系，派去许多使臣。最初他们对查理颇为猜疑，因为他已经接受了皇帝的称号，似乎有意夺取他们的帝国；但是最后他们之间缔结了明确的条约，因而避免了从任何一方面产生争端的原因。由于罗马人和希腊人对法兰克的强盛总是有所疑虑，因之就产生了一句著名的希腊谚语："法兰克人是好朋友，但是是坏邻居。"

尽管他在扩充国家的疆域、征服其他部族方面取得这样的成就，他却还着手兴建了许多工程，用来建设国家，便利公众，而且有几样已经完工了。在阿亨的奉献给上帝的圣母玛利亚的大教堂、美因茨附近莱茵河上长度达五百尺的大桥，可以公正地被认为是他的主要的工程。但是在他死前一年，那座桥梁被烧毁了。虽然他已经决定用石头代替木头重修这座桥梁，但是桥梁并没有修复，因为接着不久他就去世了。他还开始建造华丽精致的宫殿。其中一座距美因茨不远，在英格尔海姆市镇附近；另一座在沿巴塔维亚岛南岸流过的瓦尔河上的尼梅根。他向管理神圣建筑物的主教和教士们发出特别命令，国内任何一所神圣建筑物如因年久而颓坏时，必须修复，他还命令他的官员视察他的命令是否付诸执行。

为了对北欧人作战，他还建立了一支舰队。为了

法德意三国的共同先驱 查理曼

这个目的，在从高卢和日耳曼流入北方大洋的诸河流附近建造船只。由于北欧人经常进行侵袭，破坏高卢和日耳曼沿海地带，他在一切港口、一切可以通航的河流的河口设置堡垒，驻扎卫戍部队，防止敌人的侵入。在南方，在纳尔榜海岸和塞普提曼尼亚海岸，以及直至罗马城为止的意大利海岸，他也采取了同样的措施，来阻截不久以前开始从事海盗生涯的摩尔人。由于这些预防措施，在查理在位期间，意大利一直没有从摩尔人那里受到严重的危害，高卢和日耳曼也没有从北欧人那里受到严重的危害；只有埃特鲁里亚的一个城市森图姆塞利遭到出卖，陷入摩尔人之手，受到抢劫；另外，在弗里西亚，一些邻近日耳曼的岛屿受到北欧人的侵略。

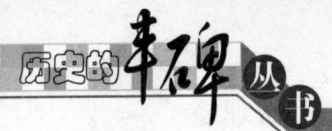

加洛林文化

公元8世纪，法兰克国王查理曼把西欧大部分地区统一起来，建立了加洛林王朝。查理曼崇尚罗马艺术，想在文化上恢复罗马的传统，便召集大批学者集中于首都整理古籍，让艺术家依照罗马的样式进行创作，形成了以宫廷为中心的复兴古典文化的潮流。史称加洛林文艺复兴。加洛林文艺复兴时期的美术主要有书籍插图和建筑。著名的《圣马太》是查里曼福音书的插图。

这个时期保存下来的建筑只有查理的王宫小教堂，它以前是一座雄伟宫殿的组成部分。这幢圆形大厅建筑的式样是拉韦纳的圣维塔尔教堂。可是，如果比较一下这两幢建筑的平面图，就能看出王宫小教堂具有与拉韦纳不同的独特性。在北边，放弃了各小厅之间的彼此交错，以便有利于清晰而简洁的空间划分。圣维塔尔教堂的中央大厅引出的是圆形的通往回廊的壁龛，而在这里则变成了八角形。墙壁结构则显示出了相同的井

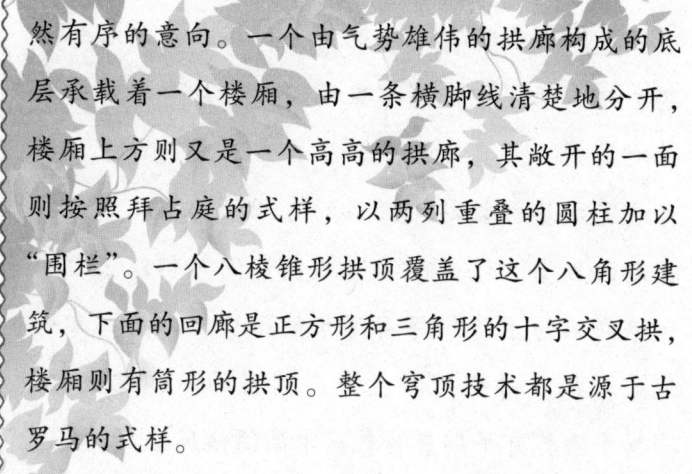

然有序的意向。一个由气势雄伟的拱廊构成的底层承载着一个楼厢，由一条横脚线清楚地分开，楼厢上方则又是一个高高的拱廊，其敞开的一面则按照拜占庭的式样，以两列重叠的圆柱加以"围栏"。一个八棱锥形拱顶覆盖了这个八角形建筑，下面的回廊是正方形和三角形的十字交叉拱，楼厢则有筒形的拱顶。整个穹顶技术都是源于古罗马的式样。

雄伟的纪念碑式雕塑是古典艺术的一个最重要的方面，但在加洛林时期却未能有所创新。当时，除了教会认为塑像可能会成为一种新的偶像崇拜而表现出根深蒂固的猜疑之外，也缺少创作大型雕塑的纯技术条件。在加洛林时期，人们对浮雕艺术要比独立塑像掌握得好。不过，这种浮雕艺术的重要实例均已失传。这里包括用金片或镀金的金属片制作的圣坛饰物。雕塑工艺品的其他实例有些贵重的、大多用象牙雕刻的福音书封皮。加洛林绘画往往是壁画或者镶嵌画，现在只留有残片。但是，从当时人们的描述中，不仅能了解到在到处都装饰着绘画的教堂里的那些旧约故事和新约故事组画，而且在雄伟的皇宫里还有世俗画。古代晚期写实的绘画风格，在加洛林时期手抄本插图中使得形象阐述救世故事的传统又一次复兴，一直发展到后来在罗马式艺术中由摹写演变成基督教超凡脱俗的可阅读的画。加洛林时期的教堂、修道院和宫殿内部的装饰以湿壁画和镶嵌画为主，但保存下来的很少，只有日尔明尼亚·德·普列的教堂中半圆室的一幅镶嵌画，绘制手法具有早期基督教艺术的简略风格。

法德意三国的共同先驱 **查理曼**

皇帝加冕礼

> 在皓月旁边，繁星失去了光彩，银光遍照着，是这样无所不在。
> ——萨福

从幼小时候起，查理就在宗教生活里长大，他对基督教极为热忱和虔信。因此他在阿亨兴建了雄伟的、最美丽的教堂，饰以金银，配以烛台，正门旁门都用坚固的黄铜制就。由于不能从别的地方找到供修建教堂之用的大理石柱，他让人从罗马和拉文纳运来。只要他健康情况许可，在清晨、傍晚、夜间和献祭的时候，他到教堂去一直是很勤的。他怀着最大的关切使教会的一切仪式都以最庄严的方式来完成，他经常警告教堂的看守人，不得允许任何不适宜或不洁净的东西进入教堂或留在教堂之内。他准备了这样多的金银器皿和大量的教士法衣，以至于在举行宗教仪式的时候，就连属于教阶最低层的司阁也不用穿着他们平日的服装来执行职务了。他细心地改正朗读和歌唱的方式；因为他对二者都受过严格的指导，虽然他自己从

政治家卷　057

来不公开朗诵,而且除了与其余的会众低声合唱之外,也从来不唱歌。

　　他极热心于救苦济贫,发放希腊人称之为布施的救济金或救济物。因为他不仅在本乡本土加以关注,而且常常越海向叙利亚、埃及、阿非利加——耶路撒冷、亚历山大和迦太基——运送财物,怜恤任何贫困

的基督徒，只要他们在当地的悲惨状况传到他的耳边。主要是由于这个缘故，他才与海外的国王建立友谊，希望借此为生活在他们统治下的基督徒赢得一些帮助和救济。

他爱罗马的圣使徒彼得的教堂超过一切神圣和可敬的地方，他向这所教堂的库藏输送了大量的金银、宝石等财物。他送给教皇无数的礼物。他在整个统治期间，竭尽全力（的确再也没有一个目标比这件事使他更为在意）使罗马城恢复旧日的威信，他不仅保卫圣彼得教堂，而且还自己出资装饰它，使它比一切其他教堂更为堂皇富丽。虽然他这样重视罗马，但是在他统治的47年间，他只有四次到罗马去履行誓言和奉献祷词。

当法兰克国王查理的强大军队在欧洲大陆上纵横驰骋，征服了许多国家和地区时，到公元800年，查理已不再只是法兰克国王，而是西方世界的主宰了。当时只有少数基督教小国即不列颠岛上的盎格鲁—撒克逊英格兰诸王国不在他的管辖之下，除了这些国家以外，查理的政治权势已延伸到整个西方基督教世界。事实上，他已经是一位大帝。

由于罗马帝国的传统在欧洲社会仍然根深蒂固。查理既已统治西罗马帝国的大部分领土，那么"恢复"

帝国称号只是时间问题了。

一个偶然的事件为查理取得帝位称号铺平了道路。795年,教皇哈德良一世去世。新任的教皇立奥三世(795—816)与罗马教廷中有势力的大贵族发生了冲突,受到了各种毁谤和攻击。贵族首领以教皇对待法

法德意三国的共同先驱 **查理曼**

兰克人软弱屈服为借口，于799年4月25日将教皇立奥三世逮捕，并关进监狱中虐待和毒打，险遭割舌剜眼，经人搭救才逃出罗马城。教皇立即给查理送去了求援的书信。查理认为这又是一次显示自己权威和力量的时候。于是于次年12月亲自率兵又一次进入意大利，平定了罗马贵族的叛乱，将教皇立奥三世护送回罗马城，恢复了他的权力和地位。为了感谢查理的帮助，这位刚刚复位的教皇抓住一切机会来报答国王查理的恩典。公元800年12月25日圣诞节这一天，正当查理在罗马圣彼得大教堂中做礼拜时，教皇立奥三世将一顶事先准备好的皇冠突然戴在查理的头上，还将"罗马人的皇帝"的封号授给了他，并且大造舆论："上帝为查理皇帝加冕，这位伟大的和带来和平的罗马人的皇帝，万寿无疆和永远胜利。"教堂内欢声雷动，欢呼查理成为古罗马帝国的继承人和基督教世界的保护者。这样，就在西罗马帝国灭亡后的300年，在它的领土上又建立了一个"罗马人的帝国"，即查理曼帝国。查理也成为欧洲中世纪历史上的第一位皇帝，被称为"查理大帝"，后人将加于他名字上的头衔"伟大的"一词完全并入其名中，称他为"查理曼"。"曼"即伟大之意。

根据查理大帝的臣子爱因哈德的记载，教皇立奥三世的做法，使查理感到很突然，他并不需要所授予的尊贵荣誉，查理对于"皇帝"与"奥古斯都"的称号都有反感，于是爱因哈德写道："他宣称如果他能预知教皇的阴谋，就不会在被授予称号的那天涉足教堂，尽管那是一个伟大的节日。"

现代许多史学家对爱因哈德的这一记载表示怀疑，认为国王查理既拥有至高无上的权力，又能严密地控制局势，不可能容许心非所愿的加冕大典实现。有的史学家指出是查理的宫廷学士向往古罗马帝国的迷梦，有可能是他们怂恿主子的结果。也有的史学家认为加冕之举是799—800年罗马城内部政治局势变化的产物。无论如何，就查理加冕时立即受到罗马城人民热烈欢呼而论，这次大典显然是经过精心策划的，所谓

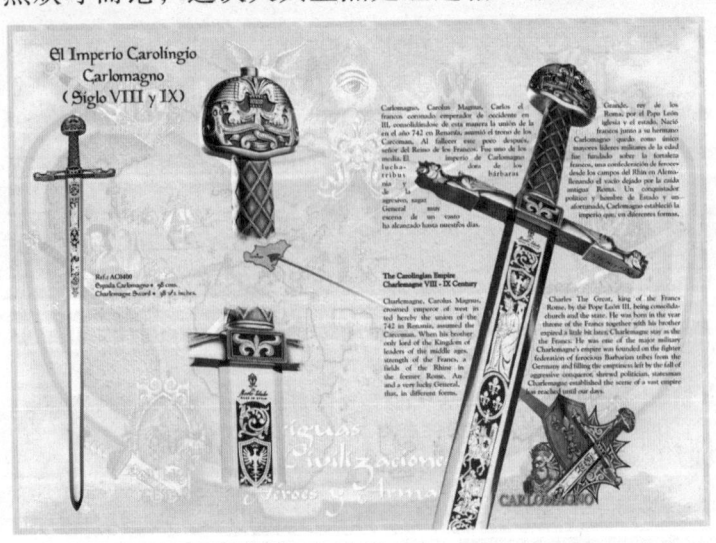

法德意三国的共同先驱　**查理曼**

查理对在进行中的事物毫无所知一节,难以令人置信。

公元800年查理帝位加冕和751年矮子丕平王位加冕一样,代表着教皇利益和加洛林家族利益的结合。多年来,查理始终渴望能够达到与拜占庭帝国皇帝(即东罗马帝国皇帝)相媲美的地位和荣誉。794年,他放弃了与宫廷大臣经常出巡社会各阶层的日耳曼王室传统,而在奥斯特拉西亚的阿亨建立了永久性的都城。他称阿亨为"新罗马",向往创建自己的"君士坦丁堡",并按照拜占庭帝国的样式建造了豪华的宫殿和教堂。尽管查理在阿亨所修建的"玛利亚教堂"远不及拜占庭皇帝查士丁尼时期的水平,但在当时的条件

→ 查理曼加冕

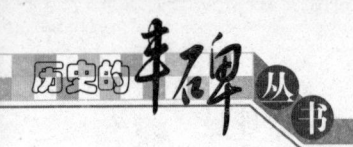

下仍可称为奇迹。爱因哈德描绘它是一座由金银灯盏、实心的黄铜栏杆，以及从罗马城和拉文那运来的石柱和大理石装饰而成的美丽殿宇。所有这些，表明查理不仅意在建立一座美丽的教堂，而更多的是为了效仿拜占庭帝国豪华高雅的气派。因此公元800年帝位加冕大典同样也是模仿拜占庭帝国皇帝的体现，而并不是一个意外惊喜。

另一方面，罗马教皇很可能想趁"加冕"之机重新得到一些落在权势显赫的查理手里的权力。加洛林家族由国王晋升为皇帝已是既定事实，但他们的查理曼帝国从此打上了"罗马制造"的印记。因为通过由教皇加冕这一举动，不仅产生出查理这个世俗皇帝需为罗马教廷服务的义务，而且第一次显示出教会权力处在世俗权力之上，从而派生出教廷支配皇位的权力。在随后的岁月里，罗马教皇总是强调他所给予人者仍将取之于人。教皇既能确立皇帝，当然就能废弃皇帝。此后教皇引用《君士坦丁赠礼》的条款，把查理帝位的继承人视同大管家，是以教皇代表的身份为罗马教会利益行使政权。在教皇的心目中，教权高于一切，这是不可改变的。

查理大帝虽然尊崇教皇，但不愿屈居教皇所要求的从属地位。他着意保持着"法兰克及伦巴德国王"

法德意三国的共同先驱　**查理曼**

的尊称以及"罗马人的皇帝"的新称号。当立他的儿子路易为帝时,查理大帝摒除了教皇,亲自主持加冕仪式,在阿亨附近的亚琛山由自己把皇冠戴在儿子路易的头上。从这些举动中,可以看出在世俗君主和罗马教皇中间,一个长期的尖锐的斗争的帷幕正在揭起。王权和教权的斗争到公元11世纪至13世纪达到了高

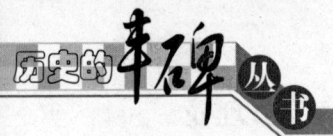

峰。

但在查理大帝统治时期,这一斗争一直没有表面化、公开化,查理大帝权势盖世,教皇势孤力微,不能真正与其抗衡。其实,自矮子丕平时代加洛林家族与罗马教皇之间的温和关系一直保持着,而教皇在查理大帝的羽翼遮掩下势力也逐步得到发展扩大,从而为11世纪教皇权力的兴起打下了基础。

查理曼帝国繁盛强大,使周边国家十分畏服,争相与之交好,就连称霸一方的阿拉伯帝国哈里发诃伦也十分重视同查理的关系。他遣使节给查理送去礼物,从袍服、香料直到猴子、大象。而查理则回赠给诃伦法兰克服装、骡马、油、酒以及凶猛的猎狗。当使臣告诉哈里发诃伦这些狗甚至能追捕狮子、老虎时,诃伦将信将疑,命手下牵一头狮子来试试。只见波斯狮子身高体壮,摇动头上长鬃吼叫着,发足狂奔,而日耳曼猎狗箭一般地直追上去,一口咬住狮颈,将其掀翻在地。目睹此情此景,诃伦大为叹服,由此认为查理确实具有无上威力,查理的一切都是最好的最厉害的,于是表示愿把他统治的土地置于查理的权力之下,他作为查理的代表来忠实地管理这一方土地。拜占庭帝国的皇帝们对查理曼帝国的强大胸怀疑忌,特别是在查理加冕称帝之后,他们惴惴不安。于是查理派人

法德意三国的共同先驱 **查理曼**

与其签订了条约，宣称互不侵犯，解决了双方之间可能引起冲突的问题。但是拜占庭人仍不放心，并常常由担心产生出些莫名其妙的敌意来。比如当查理派使臣前往拜占庭送去礼物时，拜占庭皇帝故意说："我的儿子查理的国家处于和平中还是战争中？"当听说查理正和萨克森人打仗时又说："对那么一个小小的敌人用得着这么麻烦吗？我一定把萨克森送给我的儿子查理。"故意侮辱和诋毁国王查理。他甚至还设计陷害使臣。当时拜占庭宫殿中有个规矩，出席宫廷宴会的任何人均不得把菜肴翻过来吃，但是端给查理使臣的鱼上却堆着厚厚的香料。那使臣只好把鱼翻过来吃，于是周围的人就高喊："他侮辱皇帝。"拜占庭皇帝故意叹息着说："没办法，我不能破坏了规矩，也不能拒绝我的大臣们，你必须被处死。但你死前可以提一个要求，我一定满足你。"那聪明的使臣立即说："好吧，我请求陛下剜掉每一个看见我翻转那条鱼的人的眼睛。"皇帝大吃一惊，说："我可没看见，是别人告诉我的。"接着皇后也以圣母玛利亚的名义保证没看见。其他大臣、贵族争先恐后地以所有天使、圣徒的名义起誓没有看见。这样一来，谁也没看见使臣翻转鱼，他于是平安回国了。查理对拜占庭人耍的这些小手段通常不加计较，但他有时也搞些小小的报复，比如当

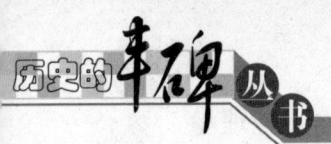

拜占庭派使节前来时，他命前去迎接的人先带着拜占庭使节在山里、沙漠里兜圈子，让他们筋疲力尽，衣服也破旧了，然后再领进宫廷，走入第一间房子，高高的宝座上坐着主教，拜占庭使节们俯伏在地要参拜他，但人们告诉他们这还不是皇帝；走入第二间房间，宫伯在主持贵族集会，使节们又俯伏在地，但人们说这还不是皇帝；第三间房间是御膳长，第四间房间是皇宫管家……直到使节们晕头转向、眼花缭乱时，乐声大作，查理终于出现了，周身金银宝石，"光辉四射，有如初升朝阳"，周围簇拥着侍臣、主教、贵胄、宫女和武士，而紧靠查理的，正是曾在拜占庭宫廷中受辱的使臣。拜占庭的使臣们彻底崩溃了，又惊又怕晕倒在地。他们回国后把查理帝国之广阔、宫廷排场之奢华一说，拜占庭人再也不敢轻视查理了。

法德意三国的共同先驱　**查理曼**

帝国的经济与政治

> 伟大的事业不是一蹴即就的。
> ——索福克勒斯

加洛林王朝时期的欧洲，在法兰克查理大帝的军队保护下，在使它得到一定程度的统一的基督教会的精神统治之下，再次得到恢复和繁荣。然而，这次"复兴"并不是由于贸易的恢复。查理曼帝国与西罗马帝国完全不同，这里缺乏高度的文明，蓬勃发展的商业生活，没有大城市，经济则完全以农业为主。帝国的活动中心和权益所在也不再是面向地中海，而是移向了欧洲的中部和西部。

查理生活的年代，是西欧封建化过程急剧进行的时期。查理大帝时代相对昌盛的局面，首先是得益于农业的发展。农业技术的逐渐进步和封建制度的确立使查理大帝时代的农业生产力有了很大的发展。

公元8世纪，古代地中海区域使用的浅掘犁，在西北欧大部分地区已被重型复合式铧犁所替代。这种

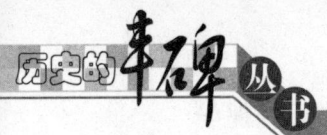

复合式铧犁包括有铧轮、犁刀、犁铧和犁板,能够深入土层,把土碾碎并翻向一边,进而发明了沟垄排水法,这对地势低洼、气候多雨的北欧和中欧极为适宜。这种新型耕犁可能是在六七世纪由斯拉夫人传入西欧的,这一引进使原来浅掘犁不能开发的大面积肥沃土

法德意三国的共同先驱 **查理曼**

→ 查理曼礼拜堂

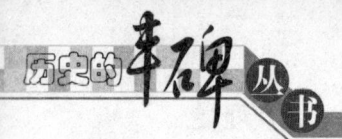

壤得到开发,并使耕地逐渐发展为条状。

自8世纪起,教会封建主和世俗封建主在莱茵河以西地区有组织地开辟荒地。在莱茵河以东地区,这种开垦也于9世纪开始了。新开垦的农田,一般土质肥沃,因而轮作次数高于以往的耕作。加洛林王朝时期,北欧部分地区开始用三圃制取代罗马时代的二圃制耕种法。过去,是将一块标准农田分成两块,当年耕作的地区,次年便休闲,这便是二圃制。三圃制,即冬种、夏种、休耕交替的经营方式。三圃制使欧洲的粮食得到增产。

到8世纪末至9世纪初,法兰克王国的封建制度基本确立。查理大帝所进行的无休止的战争,加重了农民的负担。不堪压迫和濒于破产的农民往往被迫连同土地求庇于教会,然后以终身使用或传袭一至二代的方式领田耕种。这种土地称为"恩地",耕种者必须向教会缴纳贡赋。领取"恩地"的农民经过几代之后,大都成为依附教会领主的农奴。

统一帝国的建立,使人们又可以平安无事地耕种着土地。土地属于领主或教会、修道院的权贵们,大都是由国王赐予的。领主和教会让他们的农奴直接耕种土地(在他们的"留用地"上),或是要自由农民,即原罗马帝国时期的旧"隶农"服劳役来耕种。权贵

法德意三国的共同先驱 **查理曼**

们还以租地的形式，把一部分土地分给"租地农民"和"固着在土地上的"奴隶。

查理大帝在长期的对外扩张战争中，继续推行其祖先所设置的采邑制度。采邑制度的实施，符合了当时社会上大小封建主的利益，因此，查理大帝得到了教俗封建主大力支持，加强了帝国的统治。在

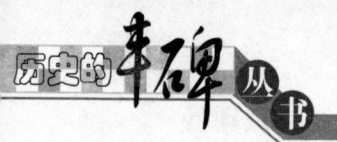

采邑制的实施过程中，大封建主的土地得到了迅速的增长，私人的权力也不断膨胀。后来，大封建主在自己的领地中行使行政、司法、军事和财政等方面的权力。查理大帝对这种已成事实的权力不得不从法律上给予承认，他授给各个封建主"特恩权"。所谓"特恩权"是通过敕封的形式将国家对地方的统治权让与封建主在其领地内行使，国王官吏不得进入领地。特恩权早在墨洛温王朝中渐露端倪，到查理大帝时代更加发展。这是法兰克封建制度发展的必然结果。查理就这样把国家对地方的统治权交给了领地的占有者——封建主。封建主领地内的政治统治权和土地所有权合而为一，农民的农奴化加快了。查理最终将独立的权力一步步交给了大领主，王权也削弱了。

查理大帝的"特恩权"促使更多的封建庄园的形成。原先作为法兰克王国社会细胞的马尔克归于消失。只有在经济比较落后的少数山区，农村公社（"马尔克"）才保存下来，从查理大帝时期起，封建庄园成为欧洲中世纪领主剥削农民的基本组织形式。国王和大封建主都有许多庄园，每个庄园面积不等，有的包括一个或几个村庄，有的只是一个村庄的一部分。同一领主的庄园不一定相连成片，往往与其他领主的庄园交错。封建主把庄园的土地分成两大部分，一部分

法德意三国的共同先驱 **查理曼**

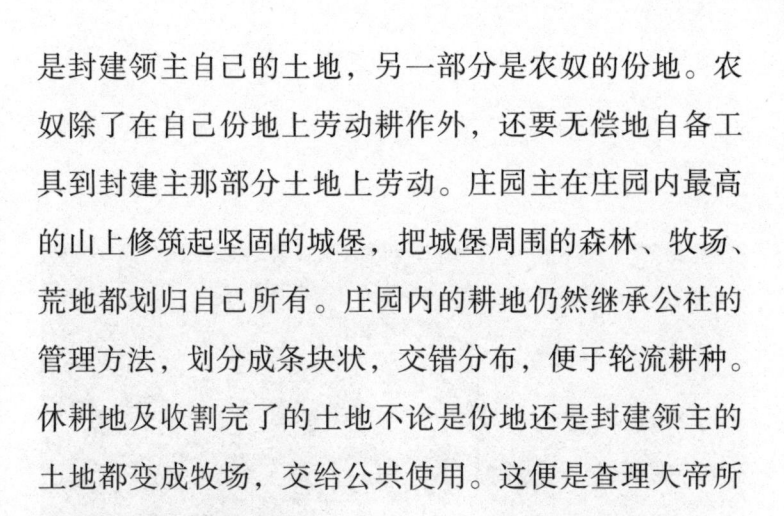

是封建领主自己的土地,另一部分是农奴的份地。农奴除了在自己份地上劳动耕作外,还要无偿地自备工具到封建主那部分土地上劳动。庄园主在庄园内最高的山上修筑起坚固的城堡,把城堡周围的森林、牧场、荒地都划归自己所有。庄园内的耕地仍然继承公社的管理方法,划分成条块状,交错分布,便于轮流耕种。休耕地及收割完了的土地不论是份地还是封建领主的土地都变成牧场,交给公共使用。这便是查理大帝所实施的封建土地制度。

查理曼帝国的地租形式独特。首先是农民每周给封建领主服3天到4天甚至更多的劳役,农民在封建领主的土地上还必须负担许许多多额外劳役,如修城堡、寺院、桥梁、道路或在领主家中服杂役。农民还必须不按规定而且是不自愿地向封建主奉送礼物,像鸡、鸭、蛋、油、酒等。送礼以外,封建主还要农民交纳各种实物地租。基督教会也向农奴征收什一税。另外,领主霸占所有的公共用地和公共设施,农民在使用公共用地和公共设施时照例交税,比如:过桥税、过路税、摆渡税等。查理大帝还规定,农奴在发生诉讼时,必须接受封建领主的审判。

由于教俗封建主的残酷剥削,农奴的生活极端贫苦。因此农奴反封建的情绪日益增长。起初,农奴反

政治家卷 075

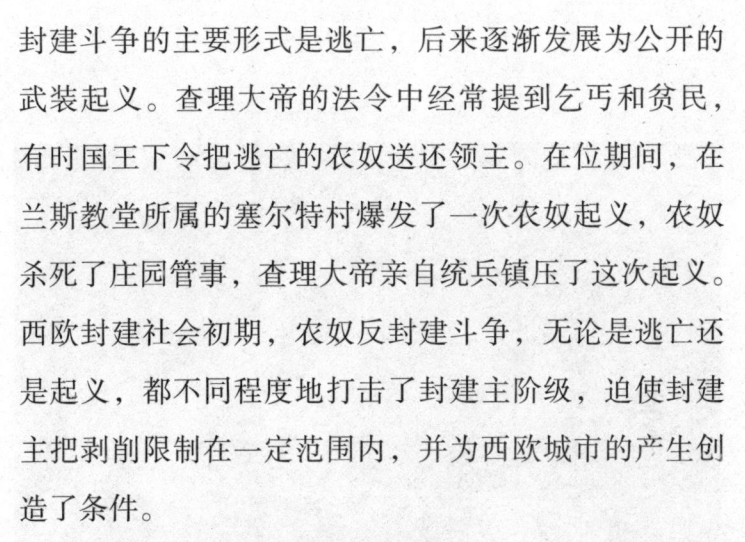

封建斗争的主要形式是逃亡，后来逐渐发展为公开的武装起义。查理大帝的法令中经常提到乞丐和贫民，有时国王下令把逃亡的农奴送还领主。在位期间，在兰斯教堂所属的塞尔特村爆发了一次农奴起义，农奴杀死了庄园管事，查理大帝亲自统兵镇压了这次起义。西欧封建社会初期，农奴反封建斗争，无论是逃亡还是起义，都不同程度地打击了封建主阶级，迫使封建主把剥削限制在一定范围内，并为西欧城市的产生创造了条件。

查理大帝实行了上述的封建土地制度、封建地租制度，封建等级制也日趋形成。查理大帝自己处于封建等级金字塔的顶端。查理把大部分土地分给教俗封建主，大封建主把自己的土地分给下级封建主，层层递推。查理自己是最大的封建主，他的下面设有公爵、伯爵、子爵、男爵，骑士是最低一级的封建主。在"金字塔"内部，每一层上下级之间都是领主和附庸的关系。附庸从领主那里取得领地即"封地"，同时获得一定的义务，如效忠、出征等。领主和附庸之间是主从关系，而且只限于授和受的双方。大领主的附庸和国王并没有直接的主从关系，一般不向国王宣誓效忠。每一个领主也只能管辖自己的附庸，不能够越级。所以，"我的附庸的附庸不是我的附庸"。附庸得到"封

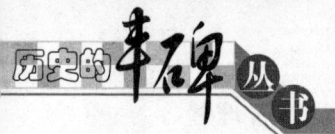

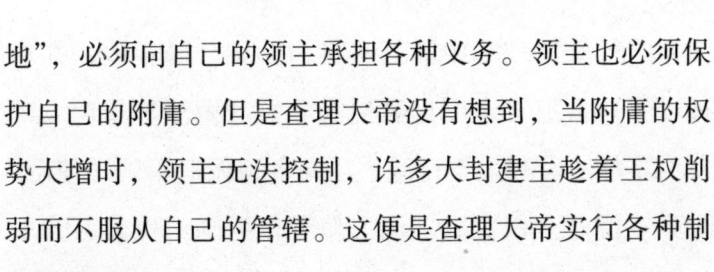

地"，必须向自己的领主承担各种义务。领主也必须保护自己的附庸。但是查理大帝没有想到，当附庸的权势大增时，领主无法控制，许多大封建主趁着王权削弱而不服从自己的管辖。这便是查理大帝实行各种制度的悲剧。

在政治制度方面，查理大帝实施了相对稳定的中央集权，它所依靠的支柱是庞大的王室地产。查理大帝通过占领新获得的地区而使王室地产有了巨大的发展。国家的权力中心是国王宫廷，但是国王王宫最初由于供养的原因没有长久的驻地，因而成为行宫（称为"普法尔茨"）。查理大帝偏爱的几处行宫是：迪特尔霍芬、英格尔海姆、尼姆维根，特别是阿亨。在查理大帝晚年，阿亨成了他的固定驻地。后来经常作为加洛林王朝宫廷驻地的是累根斯堡。查理大帝在宫中设置了许多宫廷官吏，他们同时就是国家官吏。这些官吏都是从大中封建领主中任命。原先具有人民大会性质的五月大会，逐渐蜕变成为陪臣大会。查理大帝和贵族们一年多次在五月广场聚会，决议国家的大政事。

在地方，查理大帝仍保持伯爵统治制度，但更趋严密并推广到新占领地区。他认阿亨为帝国的首都，将全国划分为98个郡，由皇帝任命伯爵管理，废除了

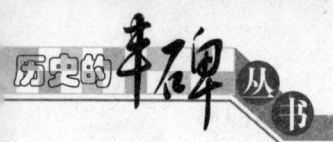

较大的行政单位和中间行政机构，如公爵领地，并卓有成效地否定了企图世袭伯爵职位的做法。查理大帝为了监督伯爵和地方行政，还向各地派遣了国王使臣，即王室特命全权大臣。国王使者作为国王代表召开本地区大会，接受控诉，并向国王报告。为了防止各地伯爵和国王使者之间结成紧密关系，在一定时期要重新更换每个地区的国王使者。查理大帝在边境地区设置边区伯爵领地，以保障新占领地区的安全或作为新的征服战争的基地。边区伯爵比一般伯爵拥有更为广泛的权限，他们为了防范敌人的入侵，甚至可以独立征召军队。

　　教会也是查理大帝统治机构的一部分。法兰克的教会是高卢教会。查理大帝支配教会生活的一切领域，特别是他几乎不考虑宗教法规上规定的选举权，擅自任命主教和修道院长。查理大帝保护教会产业，使之不受世俗领主的侵犯，准允教会向所属农奴征收什一税。教会的经济和政治势力也被利用来巩固封建阶级的统治。

　　查理大帝在原来蛮族习惯法基础上进行了补充修改，订正了文字方面的错误，制定了中世纪的司法制度。为了适应连年征战的需要，他建立了严密的兵役制度和军事组织。查理还召开全欧范围宗教会议，制

法德意三国的共同先驱　**查理曼**

定并统一教条教规，在全欧系统地加强各级教会组织和什一税制度。查理的对外战争使他制定的这一整套行政、司法、军事制度、经济生活管理体制、教会组织等推行到了整个西欧，从而奠定了西欧封建社会发展的基本模式。

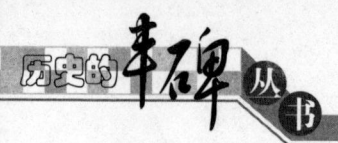

帝国的神权政治

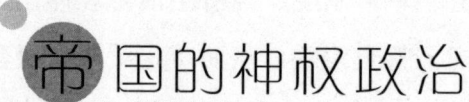

基督教信仰不是人的意见和信念，而是一种确实的依靠和心中明白坚定的同意。
——《历代基督教信条》

查理大帝统治时期，欧洲呈现空前统一，西方基督教世界也从没有再出现与神权政治如此紧密相连的局面。帝国依靠教会的支持而巩固，教会则依附于国家政权而发展。20世纪著名的文化史学家克里斯托弗·道森在《宗教与西方文化的兴起》一书中写道："加洛林帝国（即查理曼帝国），它被公认为是在一种神权君主政体的统治下的整个基督徒臣服的社会，并且它试图通过制定法规和政府视察，来控制生活和思想的每个细节，直到教会圣歌的唱奏方法以及修道院的法规。"这一时期基督教会的发展为欧洲中世纪建立统一的天主教世界铺平了道路。

从法兰克首位君主克洛维皈依罗马天主教会以来，法兰克历代国王都比信仰阿利乌斯教派的其他日耳曼人君主更容易和教皇接近。7世纪末，红衣主教卜尼法

法德意三国的共同先驱　**查理曼**

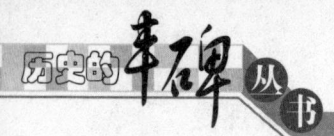

斯等人从不列颠岛到欧洲大陆传教，新建了一些主教区和修道院。因传教是在教皇主持下进行的，新的教区受罗马教皇管辖。而卜尼法斯在高卢地区进行的宗教传播得到法兰克国王的支持和准允。正是法兰克统治者与罗马教皇的密切合作，才促使罗马教皇们摆脱君士坦丁堡拜占庭皇帝的势力支持而求助于法兰克人保护。

此后，国王和教会之间的政教结合愈来愈密切。8世纪上半叶，法兰克宫相查理·马特把采邑制度应用于基督教会，主教和修道院长成为国王的封臣，负有为国王带兵作战的义务，教会的世俗权力大为增长。罗马教皇鉴于矮子丕平急欲废黜墨洛温王朝而自立，便竭力予以支持。751年，丕平的登基是由教皇派出的代表在苏瓦松为他加冕的，从而使丕平的上台合法化、神圣化。754年，"丕平献土"，教皇国得以建立。从教皇国的建立可以清楚地看到政教之间相互利用的关系，标志着教皇与法兰克封建主的初步结盟。

矮子丕平死后，他的儿子查理登基称帝，教会和世俗封建主统治者的联盟得到进一步的发展。查理大帝在对外扩张和巩固政权的进程中，除使用血腥的暴力手段外，还特别注意利用基督教这一政治工具。为了使被征服者驯服，查理大帝每次出兵远征时，身边

法德意三国的共同先驱　**查理曼**

总要带着一些传教士随行,凡被征服地区的居民尚未信奉天主教的,一律强迫入教,拒绝受洗者判以死刑;不按教会规定在大斋期禁食或在星期五吃肉食的也要处死(传说耶稣被钉死在十字架上那天是星期五,为纪念耶稣受难,教会规定星期五吃素)。教会又规定复活节前40天为"大斋期",在大斋期中要守"大斋"和"小斋",小斋日不食肉,大斋日除一餐饱食外,其余两餐必须减食。

查理大帝在征讨萨克森人时,曾颁布《萨克森敕令》。《敕令》中规定:"今后如有任何萨克森人隐藏在众人之中,不受洗礼,轻视洗礼,愿继续信奉异教者,

政治家卷　085

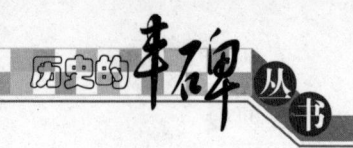

处死刑"(第8条);"凡小孩在生下一年之内,必须受洗,……凡在小孩生下一年之内,不将小孩受洗……贵族罚款120索里达,自由人60索里达,半自由人30索里达。钱归国库"。(第19条)《萨克森敕令》还强制萨克森居民向基督教会缴纳什一税,说:"朕命令每人将自己的财产和劳动的1/10捐给教会和教士。"(第17条)查理大帝除在萨克森各地修筑要塞派住军队镇守外,还大肆兴建教堂和修道院,训练大批萨克森人当教士,以"驯化"当地居民。

在查理曼帝国的政治生活中,高级教士成为查理大帝的得力助手。查理大帝常任命主教或修道院长担任外交使节或国王使者,在打仗时有的主教被任命为军事统帅。基督教教士在"加洛林文艺复兴"中也扮演着重要的角色。五月广场是查理大帝主持的封建主代表会议,在会上,主教们与世俗贵族分列两边,都有平等的发言权。可见,教会封建主和世俗封建主是查理大帝统治法兰克王国的左右手。

查理大帝利用自己的无上权威,在法兰克基督教会中发挥的作用,远远大于罗马教皇。796年查理召开法兰克福会议,公布有关基督教规的立法,使基督教规条理化。他在位期间还针对教俗事务制定了称为《牧师会法规》的章程法令。修道士的规章得到加强,

法德意三国的共同先驱　**查理曼**

主教都是从"虔诚"和"有才智"的人里挑选出来的。查理想把那些因贪图钱财和享乐而玷污教会的人从教会中赶出去。为了监督主教和领导各省的教会，查理大帝还设立了几个大主教。

　　查理大帝为扶植教会成为支撑封建王权的社会支

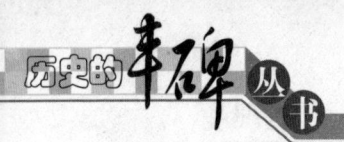

柱,在位期间,除赐给教会大片领地外,还允许主教在教会领地上享有独立的行政权和司法权,进而对周围地区也享有某些统治权(包括司法权)。

查理大帝除利用本国教会外,还与远在意大利的罗马教皇建立良好关系。公元800年的皇帝加冕礼,教皇立奥三世亲为查理加冕,这一举动给整个帝国打上神权政治的标记。这次加冕开创了欧洲中世纪教皇为皇帝加冕的先例,影响深远。它意味着皇帝权力来自天主,受之于教皇,包含教皇权高于皇帝的意思,从而埋下了整个中世纪所争论不休的教权与王权斗争的种子。

当时教皇国刚刚建立,羽翼未丰,势力远远不如查理曼帝国,处于依附法兰克的地位。势力弱小的罗马教皇不得不向查理大帝表示忠诚,以换取查理大帝的支持和保护。在法兰克—教皇联盟中,一贯占支配地位的是查理大帝而不是罗马教皇。

查理大帝为了排除政治上的竞争者,怂恿罗马教皇阿德利安一世开除了拜占庭皇帝君士坦丁六世的教籍。教皇立奥三世在罗马的拉特兰教堂安放了一幅嵌彩图,描写圣徒彼得正在把教士的圣带赠给教皇,把"罗马帝国"的旗帜送给国王,祷文中刻着:"圣徒得把生命赐给教皇立奥,把胜利赠予国王查理!"这就是基督教中著名的格拉西马斯信条，象征教权和王权共同统治世界。而查理也做出友好姿态，表示愿意合作。796年查理写信给教皇立奥三世说："我愿与您建立牢不可破的信仰和仁爱的团结契合……我的天职是用武力保卫教会，使它不受异教徒的攻击蹂躏，在教会内部确保教会的纯正信仰。而神圣的教父您的职责则是用祈祷支持我的武力。"封建政权与教会神权的密切配合，这封信把它一语道破了。

加洛林时代著名的传教士、学者阿尔琴说："上帝的权力就是用这两把宝剑武装其左膀右臂。"这一观点后来被发展为"双剑"说，成为欧洲中世纪罗马教皇统一指挥包括西欧各国的基督教联邦的法律依据。800年阿尔琴总结国际形势时指出，当时世界上（实际上指欧洲）存在着3个最高政权：罗马的教皇国、新罗马的帝国以及查理的卓越的王国。它们都是受基督的委派作为基督教人民的领导者。但是可以肯定的是，在整个查理大帝统治时期，教皇权一直束缚于世俗君主的权力之下。只有查理曼帝国分裂后，为了抵御外敌入侵，才不得不形成以教皇为首来组织防御。这就为中世纪教皇权的兴起提供了契机。

查理大帝本人有强烈而虔诚的宗教信仰，查理在首都阿亨兴建了雄伟的教堂，用金银为装饰，并配上

烛台，正门旁门都用坚固的黄铜铸就。查理大帝还命人从罗马和拉文那运来供修教堂之用的大理石柱。清晨、傍晚、夜间和献祭的时候，只要健康允许，他常到教堂中去。他不允许任何不适宜或不洁净的东西到教堂里或留在教堂里。甚至还细心改正朗读和歌唱的形式。

他还把礼拜仪式建立在无可非议的基础上。他召来著名的盎格鲁——撒克逊修道士阿尔琴，把他安置在图尔的圣马丁修道院，让他校对拉丁文本的《圣经》，建制推行《圣经》拉丁文译本。查理下令让整个法兰克国家抄写《圣经》全文，在教堂附近和修道院内建立学校，以便培养足够数量的"抄写人"。他认为经文有头等的重要意义。这后来成为"加洛林文艺复兴"的重要内容。

查理大帝向罗马教廷的库藏输送了大量的金银、珠宝等财物。他也送给罗马教皇无数礼物。在他统治期间，他出面装饰了罗马的圣彼得大教堂，使它显得更加富丽堂皇。他对宗教的虔诚及对罗马宗教的财物支持使他同样获得了教皇的支持，皇权得以巩固和加强，这也正是查理大帝神权政治的用心所在。

法德意三国的共同先驱 **查理曼**

"加洛林文艺复兴"

> 文艺不是轻而易举的东西,你若是想借它的光得点虚名,它会极厉害地报复,使你不但挨不近它的身,而且会把你一脚踏倒在堂上!得了虚名,而丢失了自己,最不上算。
>
> ——老舍

查理大帝不仅以其赫赫战功著称于世,为了巩固封建制度和推行基督教,查理大力提倡文化教育。他统治时期的法兰克文化被西方一些历史学家称之为"加洛林文艺复兴"。

"加洛林文艺复兴",一词很容易引起误解。查理大帝时代没有产生纯正深奥的思潮,缺少创新的哲学或神学体系,也没有托马斯·阿奎那或里奥纳多·达·芬奇,如果我们按照通常字面上的概念,探求"文艺复兴",必将感到失望。加洛林时代,学术水平提高得极少,甚至某种程度上有所退化。

加洛林时期的法兰克文化与同时代的拜占庭、阿拉伯、印度和中国的文化相比显得十分粗糙和落后。

法德意三国的共同先驱　查理曼

公元5世纪，强大的西罗马帝国灭亡之后，古希腊、古罗马灿烂的古代文明，随着西方城市的没落，早已湮灭殆尽。古代的各种教育机构也荡然无存。当时欧洲各地区的统治者如国王、贵族、领主、骑士等多是一介武夫，文教方面一片空白。当时的基督教会为了巩固封建统治，实行了严密的文化封锁，仇视灿烂的古代文明，打着维护正统思想的旗帜，肆意破坏古代罗马、古代希腊时代的各种著述。僧侣们刮去了古代羊皮纸手稿上的字迹，用以书写经文和神学教义。古罗马时代的公私藏书，从5至6世纪以后就逐渐散失。而从4世纪始的持续几个世纪的战乱，加重了文化上的灾难，迷信和蒙昧主义盛行一时。

随着欧洲经济和社会的迅速恢复和发展，迫使封建统治者和基督教会，不得不改变原有的文化政策。查理大帝为培养帝国的社会管理人才，大力提倡文化教育，积极改进教会学校，使得加洛林时期的文化成就和过去相比，有所恢复和提高。

查理大帝多方延揽人才，邀请欧洲各国知名学者到法兰克宫廷讲学，例如不列颠的阿尔琴、比萨的彼得副主簿等，这些人向他传授修辞、语法、天文、算术、辩论术等诸多种学问。查理勤奋好学，连用餐时也要有人在一旁为他朗读，他特别喜欢听奥古斯丁的

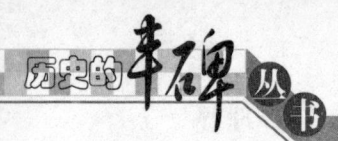

《上帝之城》。他时常仔细观测星象。为学习书写,他身边和枕下总放着写字板和纸张。他会讲古德语、古法语、拉丁语并粗通希腊语。查理在宫廷中和各地建立了一些学校,聘请饱学之士主持讲学,让贵族子弟

法德意三国的共同先驱　**查理曼**

和一部分平民入学学习，并且经常在政务和打仗余暇检查这些学生的学业。他发现，凡出身低微的孩子学习都比较好，而贵胄豪门的后代却成绩很差，于是他对那些好孩子说："我的孩子们，你们深得我的喜爱，因为你们竭尽全力去执行我的命令，并且自己也得到了好处，因此今后要学下去，以期达到完善，我将赐给你们主教管区和华丽的修道院，你们在我的眼睛里永远是光荣的。"而对坏学生则大发雷霆："你们这些贵族，你们这帮大官们的少爷，你们这群超等的花花公子，你们仗着出身，仗着财产，对我让你们自己谋求上进的命令竟敢置若罔闻，你们忽视探求学问，你们恣纵于奢侈和嬉戏，沉溺于游手好闲和无益的欢乐。上帝在上，我看不上你们高贵的出身和漂亮的仪表，虽然别人或许因此而羡慕你们。千万要明白，除非你们发奋读书，弥补以前的怠惰，你们永远不会得到查理的任何恩宠。"

欧洲中世纪，基督教会垄断文化教育，除教士僧侣外，受教育会识字的人寥寥无几，教学改革也只有寄希望于教会。因此，整个加洛林时期的"文艺复兴"具有宗教色彩的特点是不足为奇的。全国各地的大修道院成为查理曼帝国的文化中心。

查理大帝下令强迫各地的基督教堂及修道院开办

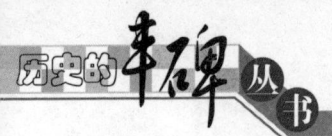

学校，召集当地的贵族子弟学习，以保存和传播古典基督教文化的基本知识。一项789年颁布的法令要求："每一主教教区和修道院，应注重圣诗篇、乐谱、赞歌、年与季的计算及文法等教学，所用一切书籍必须周密审订。"

　　查理大帝的这一措施由于在国内得以大力施行，取得一定的成效，先前鄙视文化、诋毁文化的情况有所改观。尽管只有少部分贵族子弟获得了受教育的权力，学得了一些知识，而他们却形成了中世纪初期非常重要的使知识得以延续和发展的学术核心，并将所

法德意三国的共同先驱　**查理曼**

获的知识传播于社会、传播于后世。在富尔达、图尔及赖兴那等地的修道院学校后来发展成为中世纪时期欧洲的学术中心。在查理大帝死后的纷扰岁月里，许多修道院学校延续存在，成为11世纪中世纪盛期学术兴起、文化发展的温床。可以说，查理大帝的教学改革为11世纪中世纪盛期巴黎等欧洲社会大学的兴起起到了开路先锋的作用。但应当看到的是，查理大帝的教学改革有很多不足之处。法令中规定的全部课程，既谈不上深奥，教学要求也不是很高，文化教育也只限于为教会和宫廷服务，教育水平只限于传授基础知识，而整个加洛林时期文化水平较古希腊、古罗马时代退化了很多。

在查理大帝之前的文化教育活动中，最为著名的是意大利修道士本尼狄克开创的本笃会修道院教育活动。到查理大帝时期，已形成了固定的教学模式，讲课用拉丁语，所教的课程称为七艺，即文法、修辞、逻辑、算术、几何、天文和音乐。设课的目的是为宗教神学服务。修辞是为了传授讲经布道的辩才，逻辑是为了提供论证神学命题和驳斥异端的形式推理方法，音乐的内容是礼拜圣诗，天文则是用以推算宗教节日和占星卜兆，如此等等。

查理大帝还赋予神父向各处传播文化的使命。他甚至在乡村中建立一些免费的学校，教授人民识字。著名的基督教士阿尔琴亲自为孩子们编写课本。查理大帝设在埃克斯的宫廷学院培养了一批教师，然后把他们派往各地农村普及知识。一种非常清晰易读的新字体（"加洛林小写字体"）得到了普遍推广。拉丁文成为有学问的人的语言。高卢——罗马居民口头语言也发生了演变。高卢一些罗马化的地区所使用的变种的拉丁语，受到日耳曼方言的影响，慢慢变成一种新的语言，从而产生了后来中世纪的"古法语"。

查理大帝在宫廷中罗致了很多学者，这些人可以说是"加洛林文艺复兴"的代表人物。其中有诗人兼

法德意三国的共同先驱　**查理曼**

历史学家、意大利蒙特卡西诺著名本笃会教士保罗。保罗所著的《伦巴德人史》是有关日耳曼民族及其一支伦巴德人定居意大利的珍贵史料。还有来自西班牙

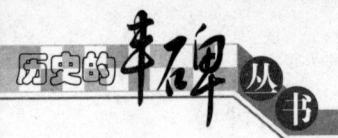

的狄奥多夫,历任奥尔良主教和弗洛里修道院长,他是查理大帝教学改革的坚定支持者,同时也是一位才华横溢的诗人。爱因哈德,他在8世纪初撰写了《查理大帝传记》,保留了查理大帝时期的大量珍贵史料。最重要的加洛林学者是诺森伯里亚约克郡的阿尔琴。这位不列颠著名的神学家,约781年应查理大帝之聘赴法兰克讲学。他是诺森伯里亚文艺复兴时期出现的一位重要人物,他把不列颠在战乱时期保存下来的大陆文化又传播给大陆,成为七八世纪英格兰基督教文化生活与加洛林法兰克知识巨浪之间的重要连接纽带。

　　阿尔琴担任撰写新版《圣经》的重要工作。由于4至5世纪的战乱,辗转传抄中的《圣经》不可避免地出现了一些错误和缺佚,为澄清几世纪来产生的笔误,以避免使基督教文化由于《圣经》上的基本教义的谬误而引起混乱,阿尔琴多年来一直从事查理宫廷学校的教学工作,晚年任图尔圣马丁修道院院长,一生致力于基督教文化的传播。他的治学过程,可以说象征着加洛林文艺复兴的全部内容,编写传统的重要经文抄本,鼓励设立教会学校,千方百计维护和传播古典基督教文化的传统。在这一方面,阿尔琴十分领会查理大帝的意图。他在图尔兴办教会学校时曾给查理致函:"我积极致力于许多工作,以便培养很多人,为教

会神圣的上帝服务,并装饰你的帝国政权。"

阿尔琴、狄奥多夫、保罗、爱因哈德以及与他们相似的人,他们推行了卜尼法斯所开创的对寺院生活所做的某些改革,他们整顿了教会的礼拜仪式,鼓励讲道,传播基督教文化。一种新型的标准的《圣经》抄本——加洛林时代用小书写体抄写的版本,由此得到了推广。

查理大帝还在各地建造了一些修道院、隐修院和教堂。卢瓦雷的日尔米尼·累·普雷教堂,圣日尔曼德奥塞尔教堂的地下墓地,便是在这一时期修建的。

在查理大帝的极力倡导下,大批古典和早期教会著作被抄录保存,日耳曼蛮族文化与古典文化和早期基督教文化相融合,古罗马帝国灭亡以来文化湮没的状况得以改观,可以说,查理大帝个人在这方面的作

法德意三国的共同先驱　**查理曼**

用是不可忽视的。"加洛林文艺复兴"带有查理大帝个人推崇的特点，也是很明显的。

　　加洛林时期的文化水平虽然比古罗马时代低，但和过去几个世纪相比，却有了提高。宫廷学院设立之后，世俗贵族开始读书识字；书籍的抄写，有利于古代

政治家卷　105

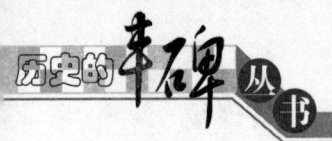

文化遗产的流传；随着宫殿、教堂、修道院的兴修，绘画、雕刻等艺术也有所发展，加洛林文化的兴起也使欧洲的学术教育中心从古罗马时代的地中海沿岸扩展到高卢、日耳曼、不列颠地区。欧洲一些史学家把这一时期的文化称为"加洛林文艺复兴"，在一定意义上说是对历史事实的夸大。因为在9世纪时，西欧"复兴"古罗马时代学术文艺的条件尚未具备。但它在欧洲文化史上的作用仍然是不可低估的。

由于文化发展的内在稳定性和延续性特征，查理大帝去世后，加洛林文艺复兴的学术成就并没有像他的帝国一样马上凋敝，而是继续在教堂和修道院中繁荣发展，从而保持了由查理大帝宫廷学校所建立的传统。约翰·司各脱取代了阿尔琴在加洛林王朝宫廷中的地位，翻译了基督教中著名的作品《伪丢尼修著作》。在德意志有富尔达修道院院长赫拉班，他精心编写了百科全书《宇宙论》，赫拉班还发扬了加洛林教学传统，撰写了有关训诲教士的守则《教士守则》，此书对于修道院学校的管理产生过重大的影响。

查理大帝所推行的宗教仪式改革以及对宗教典仪书籍的修订导致在整个西欧采用共同的宗教仪式和典仪书籍，为中世纪时期基督教的发展及传播，从而也就为荒蛮散乱的欧洲社会的文化统一，为其后社会内力的积聚起到了积极的推动作用。这一点"加洛林文艺复兴"是功不可没的。

在他生命的末期,当他已经感到老病侵寻的时候,他把自己的当阿奎丹国王的儿子路易,即希尔迪加尔德所生而仅存的儿子召来,然后庄严地召集全国的法兰克贵族,取得大家同意,让路易与他共同治理国家,并且继承皇帝称号。然后他把皇冠加在他的头上,并让大家称他为皇帝和奥古斯都,向他朝贺。他的这个决定为所有在场的人极其兴高采烈地所拥护,因为在他们看来,这是关乎国家昌盛的一种神意的感召。由于这项措施,他在国内的尊严更加提高了,在国外的声名更令人畏惧了。

813—814年冬天,西欧的天气极为寒冷,大雪覆盖着山林田野,滴水成冰。但是查理大帝不顾年迈坚持要外出打猎,谁劝也不听,他说这几十年都是这样做的。结果他在打猎时感染风寒,发起了高烧,肺部和胸膜发炎。医生束手无策,不敢下药。814年,查理大帝死在阿亨的宫中,终年72岁,在位47年。

他的遗体被洗拭干净,并按照通常的礼节加以处理之后,在全体人民的万分悲恸之中,被送到教堂去安葬。起初大家有些犹豫,不知道他应当安葬在哪里,因为他在生前没有给予指示。但是最后大家一致认为,

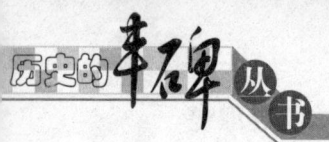

葬在什么地方也比不上把他葬在本城的大教堂里更为光荣了。这座教堂是他为了对救世主耶稣基督表示敬爱,为了对主的圣洁的永世处女圣母表示尊崇,自己出资兴建起来的。就在去世的当天,他被安葬在这里。坟上树立了一座镀金的拱门,上面有他的雕像和铭文。铭文如下:

"在这座坟墓之下,安息着伟大的信奉正统宗教的皇帝查理,他崇高地扩大了法兰克人的国家,隆盛地统治了四十七年。他逝世时年逾七十,时值我们主的第八百十四年,即小纪之第七年,2月朔日的前五天。"

← 查理曼金棺

法德意三国的共同先驱　**查理曼**

无可奈何花落去

> 有办法把家庭治理好的人，一旦国家有难，必能成为有作用的人。
> ——索福克勒斯
> 没有和睦的家庭，便没有安定的社会。
> ——池田大作

查理曼帝国是用军事、行政手段结合起来的各族人民的集合体，除主要分成法兰克人和罗马人之外，还有勃艮第人、阿勒曼人、巴斯克人、萨克森人、伦巴德人、巴伐利亚人、图林根人以及部分斯拉夫人等。这些民族语言复杂、社会发展水平和生活方式极不一致，有的部族仍保存浓厚的原始公社的残余。有的部族则已开始封建化。各地之间缺乏经济和文化的联系。所以查理曼帝国"不曾有自己的经济基础，而是暂时的不巩固的军事行政的联合"（斯大林语），不是一个真正意义上的帝国。帝国唯一的纽带是在查理大帝统治下的相对强大的中央集权、严格的行政制度和强大的军事力量。

可是在查理大帝统治时期，由于几十年用兵，自

政治家卷　109

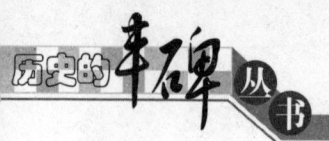

由农民大量破产，使自由农民沦为依附农民或农奴，中央政权的军事力量开始削弱。814年，查理大帝的儿子路易继位，他是一位不理朝政、沉溺于宗教、受教士愚弄的人，因此博得了"虔诚者"的绰号。他宠信新的宫廷贵族和陪臣，授予他们大量王室产业作为他

法德意三国的共同先驱　查理曼

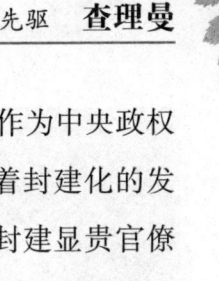

们的采邑,以巨资办各种"慈善事业",作为中央政权基础的王室领地大为减少,相反地,随着封建化的发展,封建领主的权力和财富日益增长。封建显贵官僚把中央授予的权力日益视作私人的权力并用来扩大个人财富,日益背离中央权力。查理曼帝国的中央政权动摇了。

是查理大帝历次征战的胜利所带来的大量掠获物和新土地,使查理曼帝国日渐富强;是法兰克贵族们从查理大帝那里得到的丰厚的馈赠,包括新的土地或大量的财富,使法兰克贵族的利益和查理大帝政治军事上的胜利,更加密切地联系在一起。只要查理大帝能在军事战争中猎取利益,就能使其属下唯命是从,要是能分享阿瓦尔人的珍宝,或是在意大利、萨克森或巴伐利亚得到爵位,领取土地,法兰克贵族就会衷心服从查理大帝。所以,在查理大帝统治时期,法兰克王国的扩张有如一个雪球,雪球因滚动而增长,又因增长而滚动。但是,在804年萨克森被征服并入帝国之后,查理大帝的扩张终止了。由于新的土地和掠夺物来源的枯竭,贵族效忠的信念逐渐减退,查理曼帝国开始逐步瓦解。雪球一旦停止滚动,就开始融化了。

虔诚者路易是第一个试图建立一种防止国家被分

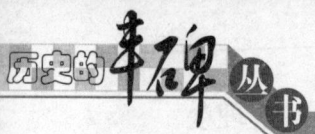

割的继承法的法兰克国王。他宣布他的长子罗退耳为"帝国皇帝",使他成为唯一的帝位继承人。幼子丕平和日耳曼路易只是阿奎丹和巴伐利亚的国王。加洛林王室内部的矛盾由此剧烈地展开了。

继承问题似乎是解决了。但是虔诚者路易和他继娶的妻子巴伐利亚的朱迪思又生下了一个儿子,即后来的秃头查理,他也参加了王位的争夺。虔诚者路易对秃头查理十分溺爱,为了他,虔诚者路易改变了以前的继承安排。他把长子罗退耳派往意大利当国王,

法德意三国的共同先驱　查理曼

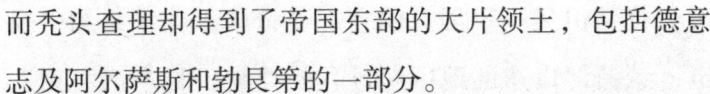

而秃头查理却得到了帝国东部的大片领土,包括德意志及阿尔萨斯和勃艮第的一部分。

他的儿子罗退耳、丕平和日耳曼路易十分不满,反对父亲的这一安排,于是父子之间进行了近10年的内战。公元830年,3个儿子打败了父亲虔诚者路易,将他强行监护,同时把后母朱迪思关进了修女院。法兰克贵族也分成各派,支持这个或那个王子继承王位。法兰克陷入了无政府状态。

837年,丕平死去。840年,虔诚者路易也死了。此时的法兰克帝国已经谈不上维持帝国的统一了。在皇位继承人罗退耳从意大利赶来继承帝位时,日耳曼路易已占有了东法兰克地区,秃头查理占有了西法兰克地区。内战在罗退耳、日耳曼路易、秃头查理三兄弟之间展开,而且愈演愈烈。841年在方特奈图姆战役中,皇帝罗退耳被两个弟弟打败。842年,日耳曼路易和秃头查理在斯特拉斯堡会晤结成紧密同盟。他们结盟誓约称为《斯特拉斯堡誓约》。它是用古法语(罗曼语)和古德语(条顿语)宣读的。《斯特拉斯堡誓约》是现存最古老的两种语言的重要文献,也是东西法兰克王国语言分离的标志。

在日耳曼路易和秃头查理的联合压力下,罗退耳被迫让步。三人在843年于凡尔登缔结和约,三分帝国，将其祖父一手创立的查理曼帝国瓜分。条约中规定，莱茵河以东的地区归日耳曼路易，称东法兰克王国；些耳德河、缪斯河以西的地区归秃头查理，称西法兰克王国；罗退耳承袭皇帝的称号，辖境北起北海，从莱茵河下游迤南，包括罗讷河流域，直至意大利中部，称中法兰克王国（后称洛林王国）。自从凡尔登条约分割查理曼帝国以后，近代西欧法、德、意3个主要国家的疆域开始形成。东法兰克王国发展成为德意志，西法兰克王国发展为法兰西。870年，日耳曼路易和秃头查理争夺罗退耳的属土，签订麦尔森条约，共同瓜分处于东西法兰克之间的洛林王国，大致是以默兹河和索姆河为界。而这一段边界，即罗退耳中部王国的残余部分，后来成为数百年德法之间无休止的剧烈领土纠纷的根源。洛林王国南部后来形成意大利国家。所以马克思指出："查理曼帝国是近代法兰西、德意志、意大利奠基的先导。"

查理大帝所创立的查理曼帝国在《凡尔登条约》之后的帝国分割引起的多次战争中瓦解了。加洛林家族也在日后的战争中逐渐退出了历史舞台。

名人是时代的骄子，历史的宠儿。

每个时代都会产生这样或那样的著名人物。一部人类史中，名人如巨浪兀立于大海，群星闪烁于苍穹，

法德意三国的共同先驱　**查理曼**

令后代子孙景仰。

查理曼帝国虽然在查理大帝死后不久便瓦解了,但查理大帝却以其骄人的赫赫武功和法德意三国历史上的著名先驱人物及作为古典文化的"挽救者"而在世界中世纪史上熠熠生辉。西欧一位历史学家写道:"查理大帝的庞大帝国,在它的缔造者去世以后,未能长期延续存在,它确实从来没有建立一个文明国家应有的经济和社会结构。虽然如此,它标志着欧洲文化从诞生前微弱的曙光进入实际生活意境的第一次涌现。"

从公元9世纪起,有关查理大帝的英雄传奇、民间故事和长篇史诗就开始流传于西欧各地。正是因为这样,查理大帝成为欧洲中世纪历史上神话般的人物,长期受到欧洲史学家们的鼓吹和盛赞。至于他的一些在我们这些1000多年后的人们看来的不足和失误,甚至罪责,我们只能将其置于当时的历史环境和条件下去理解。

查理大帝,这位欧洲中世纪第一个皇帝,法德意三国历史上的著名人物,其英名一直流传至今,后人难以忘怀这位古代英雄。